黒田鉄山

武術の極意から素朴な疑問まで
すべて答えてもらえた問答集

鉄山《てつざん》に訊《き》け

BAB JAPAN

サムライの
動きを
止めることは
できません

前書き

このたび㈱ＢＡＢジャパンの月刊誌『秘伝』に永らく連載中の「鉄山に訊け」が、一冊の書物として刊行される運びとなった。編集部の頃からの永いお付き合いで、そして現在もお世話になっている企画出版部の原田伸幸氏から書籍化の連絡を受けたときは（二〇一八年十二月）、内心たいへん不安になったものである。というのも、振武舘黒田道場の一つの記録として二十数年来ひそかに断続的ではあるが少しずつ書き溜めていた祖父泰治伝を目にとめられた氏から、是非それを書籍にとの申し出を受けていたからである。それは二〇一六年十二月のことであった。その作業を本格的に再起動し、生活に組み込んだところだったが、相変わらず遊び相手はわたくしと決めている孫の世話と稽古と国内外の合宿生活の中では、やはり思うように筆を進められず、すでに二年を経過して遅々とした足踏み状態である。さらに、月々の連載は現在も続いており、待ってはくれない。そこへ、今回の企画であった。この膨大な原稿をどうやってまとめたらよいのだろうかという難題に一瞬頭が停止してしまった。ところがそんな素人考えに対して、氏がすべて構成、編集をおこなうというのである。すでに元となる原稿はすべてあるので、二、三カ月でまとめたいとのことであった。しかも久しぶりに予定されている映像資料の発売と重ねたいという。わたくしにはまったく狂気としか思えない恐るべき計画、熱意であった。しかし、その具体的な説明を受け、それほどの具体性と意気込みなら大丈夫であろうとようやくひと安心をした次第。

しばらくして、その構成案と資料とを携えた原田氏が拙宅に駆けつけてくださった。二〇〇六年一月号開始の第一話から直近の二〇一八年十一月号第百五十三話までの原稿が網羅されたその分厚いコピー資料を前にして改めて企画、構成案をうかがうことになった。見れば、全十章に構成され、術技関連の中からさらにしぼられた項目についての問答集としてまとめられていた。大部な資料集に重ねてある小部なほうこそが今回の出版に際して使用される原文であるという。全原稿のごく一部といってよい分量に、まるでロダンがジャコメッティになったような感を抱いた。問答集としての面白みでもある、わたくしの日常生活等に纏わる項目は、残念ながらあえて削除したとのことであった。なるほど言われてみればその質問事項の多岐にわたる内容から見て、まことに残念ではあるが、またその反面、内容はまさに術技精選版という体裁で、引き締まった緊張感を保つことができたのではないかとうなずけるものがあった。なるほどわずかな時日で纏めると言った編集者の感性、力量というものはこのようなものかと感じ入った次第である。

映像資料にやや遅れたとはいえ予定していたとおり、この三月中旬には全十章のゲラも届き、滞りなく無事に校正も終了した。この場をお借りして、いつもながら多大なご尽力をいただいた㈱BABジャパン社長東口敏郎氏、そして言葉では尽くせぬお世話になった原田伸幸氏ほか映像では山下卓氏ほか撮影の皆様に心より御礼を申し上げたい。

ただ、いつもながらのことだが、今回の書籍出版に際してうれしさ半分恥ずかしさ半分である。言うまでもなく、うれしさとは、長らく続く書籍刊行の受難の時代に、このような伝統武術という一分野で活動しているわたくしごとき者の書籍を刊行していただけるという事に対して、ならびにその作業に携わってくださった先の方々ほか多くの方々に対する無上のありがたさであり、はずかしさというのは、いまだこの歳にいたってもなお、その武術がわたくしの身体を変え続けているために、過去の記録はわたくしにとっては未熟の羅列にすぎないという点にある。

同社からは長年にわたり映像資料も出させていただいているが、その都度、その直後のわたくしはもうその未熟を振り返りたくないという状況にあった。そんな日常に、わたくしは生活している。と、こんなことを今まで述べてきたが、たしかに写真、映像に関しては、あまり見たくないという気持ちは変わらないのだが、その型を動いた時は、非日常化された身体は、その時の動きを悪い動きとは感じておらず良しとしているのだ。以前、ある弟子が雑誌掲載写真のどれを見てもみな同じだと評したことがあった。つまり、無評価、評価のしようがない、良し悪しを云々する状況にはない、ということらしい。普段の稽古でも、何もないという言葉で評されることがたびたびある。誰もいない、何もないものに崩されたというような感じらしい。確かに、わたくしも相手の体重を何も感じずに崩していることを楽しんでいる。そんな頃からわたくしの眼（感覚）もいくらか変化をしたのかもしれない。

もともとわたくしは身体も硬く足も遅い。よく言って普通である。そんなことも昔からお断りしてきた。そんなごく平凡な運動能力のわたくしが今日の身体を得ることが出来たのは、家伝の武術のおかげであることも再三繰り返して述べてきたことである。しかし、それをわたくしの謙遜、謙譲として受け取られる方々もいる。ひとの身体の動き方そのものを変えることができるのが、武術の術たるゆえんである。

型が伝えようとしている術とは何か、と問われればその答えはひとつ。理論である。闘争の場における武術に、初伝、中伝、奥伝あるいは極意などという体系が存在するということ自体がすなわち理論を示している。それは、型の手順を示すひとつひとつの動き方をどのように動けばよいのかということを教えているのである。今までの自分の動き方にはない、別の動き方を身につけることを目的とするのが型という世界である。そこには人との勝負以前に行わなければならない修業、稽古法しかない。まず闘争の場に臨む前に、そこに立ち向かえるだけの身体を創造しなければならないのである。身体の動き方をいままでの一般的な動き方から非日常的な動き方へと変換し、それを自身の日常的な動き方とする楽しみ、理論化する楽しみは型という虚構の世界にこそ存在しうるのである。そして、その世界を通して手に入れた身体こそが本来の自分自身であり、祖先、先達の身体そのものでもある。

型は理論である、という認識がわたくしの凡庸な運動能力とは無関係に身体の動き方そのものを変革し続けてくれている。運動そのものに劣等感を持つわたくしを、このように作り替えてくれる家伝の武術を心底ありがたく思うものである。

そんなわたくしの武術にまつわる種々の問い合わせ、あるいはそれぞれの方が抱える疑問、質問に答えたものが本書である。当時としては珍しく画期的な企画として開始されたものである。ただ、毎回どれほどそのご期待に添うことが出来たかは、わたくしの武術と同様にいまだ心許ないが、その都度真摯に回答に努めたつもりである。限られた紙面の中で術という抽象的なものを解読、ご説明することの困難さはおりおり述べさせていただいてはいたが、いずれにせよ言葉足らず説明不足は、その時点でのわたくしの精一杯の言葉としてお許し願いたい。

本書は、そんな各人各様の悩みや質問に対する術との対話集としてまとめられたものだが、もし同様の疑問や質問を持つ方々が本書を手にしていささかの手がかりにでもなれば、著者としてこの上ない幸せである。

平成三十一年三月

振武舘黒田道場　黒田鉄山　謹識

目次

第1章 力の絶対的否定……13

第2章 無足の法……35

第3章 〝手を使わぬ〟抜刀……57

第4章 〝魔の太刀〟廻剣……85

第5章

消える動き

第6章

腰を落とせ！

第7章

柔術は剣術を引き上げる……147

第8章

〝型〟からもたらされるもの……173

第9章 かつての〝竹刀稽古〟……187

第10章 稽古と上達……211

第1章

力の絶対的否定

1

Q

合気道を修行するものです。稽古では脱力しろと言われますが上手くできません。黒田先生は絶対的な力の否定と言われますが、どういった意識で身体を動かしているのでしょうか？　まったく力を意識していないのでしょうか？

A

型には意識として「絶対に力を使うな」という指導があります。

初心者にとって、力は悪の根源といってもよいでしょう。絶対否定と言われたら、それに従うしかありません。わたくしは、祖父の言葉を信じてやってまいりました。しかし、絶対という言葉を、各人がどのように理解するかが問題です。絶対ですから、いくつもの解釈があるわけはありません。が、十人十色で、同じ言葉、文章をそれぞれに脚色して解釈するようです。それがそのひとの生まれ持った身体ということなのでしょう。号令一下、画一的な指導法が成り立たないわけです。

学問的なへりくつをこねれば、力を抜いたら動けません。が、寝ていても筋力は働いています。「絶対」になど力そのものを抜けるわけがありません。もし抜けたら、死んでしまいます。いや、死んでも動いていると言えば言えるでしょう。そんな理屈を言っているのではありません。ふつうに動いていては「術技」の獲得などできないから、絶対とまで言って、異次元と言ってもよいほどの、違う世界の動き方を伝えたのです。そのような我の動きを否定するような稽古法がなければ稽古ができません。結果的に力を抜いた柔らかな動き方ができるような方法論がなければ術へはつながりません。我の動きしかできないのが個々人ですから、その動きを元手にいろいろと我流で動いてみても時間の無駄というものです。

では、何を学べばいいのかといえば、ほうら、型があるではありませんか。型で正しく動くためには、

正中線の変化

受に、胸に手を当ててもらい、胸を前後左右に動かす稽古です。ただ動かすだけならば、よく動く方もおります。が、相手は崩れません。剣の体捌きとしての振武舘の正中線の変化が必要です。素人の方には通用しない、まことに剣のみを対象とした地道な稽古です。受の崩れは、取の身体が起こす剣の変化に対するものです。

とにかく相手に自分の動きがぶつからないようにと、努力するしかありません。そこに意識として「絶対に力を使うな」という指導があるのです。順体というのはかちかちに身体をかためて手や足を動かさないということです。手や足を使わずに、身体そのものをいかにして働かすかという基本です。構えを完璧に崩さずに、しかも柔らかく動く、という矛盾した教えが順体法です。かちかちに固めた身体手足の、その接点の圧力がかぎりなくゼロに近づくようにしなければならないのです。相手に触れれば圧力、反撥力が生じます。それを消していく作業が型稽古です。その難しさがわかって、はじめて動きの一つひとつの難しさ、すなわち「技」というものが理解されるのです。そうやって訓練した後、意識して自分の身体を動かせるからこそ、技の再現性が保てるのです。無意識の技というのは、非日常的な動き（術技的世界の動き）を日常化することができてはじめて、行われることです。いつでも、どのような動きでも、その日常の動作が技そのもの、つまり理論化された動きとして表れるようになるためにこそ、型があるのです。

首から下は「無」を意識したいのです。受と取という関係によって型の多くは成り立っております。その相手の方に自分の動きがぶつからずに滑らかに動きたいのです。さむらいの動きはとめることができない、という主題があります。そのような稽古が成り立つためには、剣の世界の条件が必要です。条件に扶けられてこそ術という精妙なる手段が獲得できるのです。その条件が型なのです。

2

Q

歳をとっても衰えない達人に憧れています。先生は年々動きが速くなり、それは筋肉の力に頼っていない為だと言われますが、先生ご自身は、使っている筋肉を意識されないのでしょうか？

A 数値だけでは表すことのできない「ひとの動き」があります。

折に触れて申し上げておりますように、わたくしは生来体も硬く足もおそく、身体運動を主とする職業にはまったく不向きな人間です。そんなわたくしが、とくに四十代になってから武術的な動きにおける自分自身の速さを自覚することができるようになって以来、年年歳歳その速さの上昇が自覚されるなど、まったく夢のようです。

と、いうようなことを、武術の術たるところのすばらしさを残し、伝えたいがために折に触れて述べてまいりました。

歳をとったら歳をとったように遣えばいいじゃないか、とは祖父泰治の言葉です。生理学的には、身体というものは老化し、いずれ死滅いたします。しかし、脳のなかの世界における理論化された身体運動は、学んだ時間分だけ高度化され続けます。

ほんらい居合というものは、流儀流派にかかわらず、多くは至極ゆっくりと稽古、演武をしたものですが、そんな稽古は終戦後（あるいはそれ以前から）絶えて久しいものです。いかに本当のことをきちんとなすということが難しいことかと知らされるものです。
※写真は祖父・黒田泰治師

歳をとれば体力、筋力は落ちます。最後は自分の体を動かす体力でさえなくなってまいります。そんな人間の「速さ」とはいったい何なのでしょう。

武術の世界のことを伝えようとしたら、一つひとつの言葉の概念整理から行わなければなりません。力を抜く、という言葉の意味を説明することはほんらい不可能なのです。無足の法だ、床をけるな、倒れろ、などといってもまったくそれらの本当の意味を伝える言葉を持ちません。以心伝心とは、まことによく表したものです。だからこそ、そこに「型」があるのです。おっしゃるとおり、生理学的にはみな同じ身体をもつ人間です。歳をとれば動きも硬く、動作も遅くなります。それらは目に見える数値としての人間の動きです。しかし、それでもなお

武術の動きは目の前で行われていても知覚出来ない種類の動きです。単に速度が速いのとは次元が違う感覚があります。

「速い」と自覚、他覚される、数値だけでは表すことのできない「ひとの動き」があります。目に見えないものが評価の基準になっている世界です。どれほど速いといってみても、簡単には証明できませんし、する必要もないでしょう。武術ですから（競技ではありませんから）、人と競い合う必要などまったくありません。自分自身の日常の動きを武術的に理論化するだけです。

現在、動きの一つひとつを検証するために、身体各部の筋肉に触れていただいて、その動き方の差異を理解してもらっております。その際には、その動きに応じた部分の筋肉の働きを意識して使います。また、意識して正しく動く、正しい手順で筋肉が働くかどうか、ということこそがそこでは問題となりますが、どなたもそのようには動くことができません。まさに、それこそが自覚的他覚的「速さ」を生む要因なのです。だからこそ、難しいのです。同じようなかたちに動くだけなら誰でもできます。運動能力のある方ならさらに速く動くこともできるでしょう。しかし、そのような物理的にただ速いだけの動きを「遅い」と看做す目が存在します。そのように簡単にはできないことを型は要求しているのです。そこを見逃して、型の手順どおりに、いかに敏速に動けたとしてもそれは形骸化された動き、似て非なる動きでしかありません。

動きの理論化のために、力の絶対否定ということが意識と型に存在しなければなりません。

3

Q

脱力ばやりの昨今ですが、先生のご説明の中にも、力を抜いて動くとあります。高度なリラックスととらえてよろしいのでしょうか。

A

力を抜いて動く、という言葉の意味は、力を抜いて、そして、動くのではありません。力みを抜いて、その抜いたと同時に動き始めるのです。

簡略なご質問からだけでは、高度なリラックスというのが、どのようなものかよくわかりませんので、わたくしの言う力を抜いて動くということについて、ご説明させていただきたいとぞんじます。

まいどのご説明で恐縮ですが、まず順体という基本がございます。当たり前のことですが、型の稽古においては、動いて稽古をいたします。その際、構えを崩さないがっちりとした、鎧、甲冑で身を固めたかのように手足体構えを固定させ、不動の構えをとらなければなりません。ここに、一般的なリラックスという力みをとる方法を考えてみますと、わたくしの感覚では、どうにもなじみの薄いものとしてしかとらえることができません。せっかく不動の構えをとったのに、なにやら肩や腰、手足をゆすったり、上下動をしたり、首を回したりなどすることは不可能としか考えられません。おっしゃる高度なリラックスというのは、じっと静止した体勢のままで、力みを除く方法なのでしょうか。それならまだ許せるような気が致しますが、いずれにせよ、完全静止即最高速と認識しておりますゆえ不動性および構えの完璧性を、いつも稽古ではこころがけなければなりません。この完全静止の不動性と同時存在の力を抜いて動くという動作性が心身を困惑させる元であります。この二点の同時性が難しさの原因でもあると思います。

力を抜いて動く、ということの具体的な動き方のご説明に入る前に、この言葉自体の意味について、少しご説明をくわえなければなりません。

力を抜いて動く、という言葉の意味は、力を抜いて、そして、動くのではありません。力みを抜いて、その抜いたと同時に動き始めるのです。たしかに、初心の内は力みを抜き、そして静かに丁寧に動作を検証しながら動きますが、本来は抜いた瞬間は終わったときなのです。もう、おわかりのとおり、力を抜いたら人の体は動きません。力を抜いたあと再度力を使わなければなにごとかの仕事はできないものです。ですから、力を抜いて（同時に）動く、という言葉は常識的、学問的にはまったくでたらめなうそです。かように言葉では伝えられないからこそ、理論に執着するしかないのです。力の絶対的否定とともに理論はあるのです。

それを、力を抜いて動く、という一般的な言葉で表現したものですから、稽古をともにしていない一般の方々に、このような一般的な言葉でご説明をすれば、一般的な理解にもとづく誤解が生じるのはごく当然のことです。

　実際に稽古をしてみればよくわかりますが、力を抜くと意識すれば、たしかに抜いたような、抜けたような気になります。しかし、その状態で力みを指摘されたら、どうでしょうか。ご本人は、いちおう「リラックス」して力を抜いてだらりとした状態をつくっているつもりですから、もうそれ以上は力の抜きようがありません。稽古をしているみなからすれば、質の異なる堅さがありありと察知されるのです。ここには生物学的な筋肉の脱力そのものを重視する観点はないとも言えるでしょう。

　相手に胸倉を捕まれた状態で、その両腕を折り敷く場合を例にとってみます。

　受が両腕で取の両胸倉を捕りました。

　取は、その両腕にこちらの両腕をかけます。どのように動くかを学ぶものですから、一般的な感覚から両手をしっかりとかけることは禁忌です。浮いているほどに軽くのせます。そして、胸のおろしを意識して静かに、等速度を心がけ、下に下ろします。すると受の腕にぶつかり、筋力で押しひしぐことはなかなか困難な状況となります。

　そこで稽古をする我々は、そのぶつかった状態を保ったまま、その相手にぶつかるだめな力を抜いていきます。

　が、抜いてはまた容れ直して、再挑戦という稽古をくりかえしても、駄目な筋肉の動き方は、それではなかなか変わってくれるものではありません。そこで、そのぶつかった状態、つまり駄目な筋力をある一定の力を保ったままで静止し、そこからその駄目な筋肉の力を抜きますが、抜きつつ下へ下げようと努力をつづけます。この繰り返しを稽古いたしますと、次第にいままで働かなかった本来働かなければならない正しい筋肉（広背筋下部）が働き始めます。受は、そのきざしが起これば、両腕にかかって

素振りの働き

ふつうに素振りをするときのように、なめらかに両腕を下ろしております。そのため、その動きは受の腕にぶつからず、いきなり受の腰を崩す働きとなっております。

本文説明のとおり、ぶつかる力を軽く保持しつつ、その筋肉をゆっくりとゆるめながら同時に本来の筋肉を働かせますと、受はその力の変化に応じてしだいに腰が崩れてまいります。一般的な腕の下降運動から、非日常的な下降運動へのなかなか困難を極める変換作業であります。

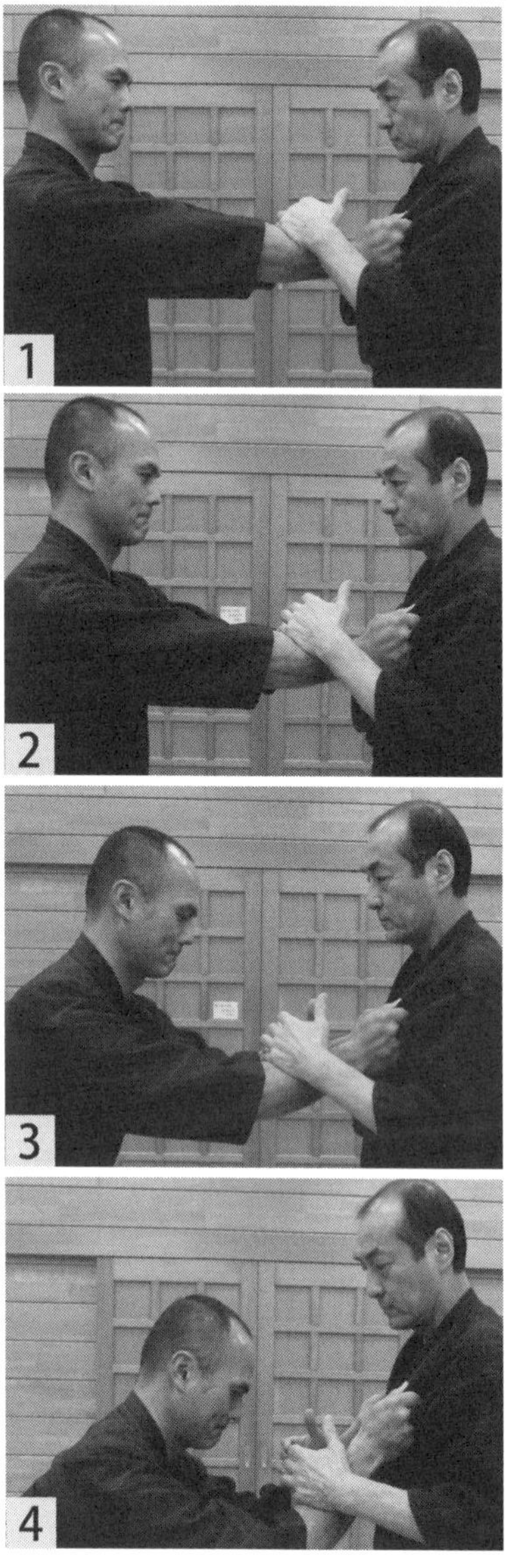

いるぶつかる力が変化していくのを感じることになり、そこではじめて腰が崩されるのです。

受個々の両肘を伸展させようとする抵抗力の大小により、その崩され方はことなりますが、いずれにせよ、このとき受は腰そのものがくずされることになり、両腕には力を感じません。

振武舘においては、力を抜いてもぬいてもきりのない世界が、剣の速さと並行して存在しております。

4

Q 先生は力を抜くということを、いつも強調されますが、腕相撲のような力技の場合はどのようになさるのかお教え願えませんでしょうか。

A 同じく〝力の絶対否定〟の中で行います。

前にもどこかでお話し（ご報告）したことが、ございましたでしょうか。米国の弟子で警察官の者がおります。仕事柄、人を逮捕、拘束することは日常の業務となっております。ある合宿の時、「センセイは力を抜けと強調するが、ワタシはこんなことを日常の仕事としている」とその場面や状況を説明しながら、こんな状況でも力を、ある意味効果的に、使ってはいけないのかと真剣な眼差しで質問をしてきました。手錠をかけられるのをいやがる相手は両腕を胸の前にしまい込み、地面に腹ばいになってしまう。それをこちらは両手を駆使し、相手の片腕をねじ上げながら引き出し、背後へ回そうとするとたん、逃げようとする相手は、反対側の手でナイフを使ってくるという危険な仕事でした。わたくしが若かりし頃、祖父に同じように力に関しての質問をしたとき、それでも絶対に力を使ってはいけないと論してくれました。その言葉が、力の絶対否定という概念を生みました。

皆様ご存じのとおり、大きな力に対して小さな力は無力であることは論を俟ちません。そのまったく無力な小さな力をも否定に否定を重ねた結果生まれた、生の力の強弱に頼らない別の身体運用論が武術の術技として発現するのです。

彼にはその腕の取り出し方を丁寧に指導いたしました。はじめは体を起こし、腕を胸に固着した状態で稽古をし、いくらか慣れてきたら、と言ってもできるようになったわけではありませんが、つぎはまさにその腹這いの状態で腕を逆に取ることを訓練いたしました。そして、十年近く経って、彼から種々の状況の中、だいぶ楽に速くしかも安全に腕を取れるようになったと報告が届きました。

基本的な理論は、何をどのようにおこなっても同じです。理論化された動きが日常的になってはじめて、一般とは異なる非日常的な動き方を示すのです。いっけん同じ動作であってもその内容は大きく異なるがゆえの術、技であります。以前『秘伝』誌で何度か特集をしていただいた筋電図などはそのよい例だと存じます。誰にでもできる動作ではあっても、その結果が大きく異なる理由がその身体の働きの差異にあることがよく理解されます。腹這いの状態の胸の下に隠れた腕を背後に、逆に取る動作は、相手の抵抗がなければ、どなたでも同じ手順の動作で動けます。しかし、いやがる相手がそこにいれば、よほど筋力と熟練が伴わない限り危険な現場では無理でしょう。それでさえ相手は刃物を振るって参ります。ただ逆を取れれば良いという条件ではありません。力の技だけでは相手の腰、中心を崩しながらその腕を取ることは、手間がかかり、なかなか容易なことではありません。

ご質問の腕相撲という形での作業も理論にしたがった動きから外れずにおこなう必要がございます。ただし、この形の場合は腕を逆に取るのとは異なり、相手のかたが負けないように力を調整し、全力を傾ける方法とは異なる戦法をとられますと、千日手のようになり、うまく勝負がつきません。ごく一般

逮捕術

種々の説明言葉があると思いますが、ひとつは螺旋に相手の腕を引き出すということ。別の説明では被験者の後方（背中側）へ向かう合力としてのベクトルが生まれるように総合的な筋肉群の働きを行うということです。外人の強い力に対抗できる力は、ここにはありません。

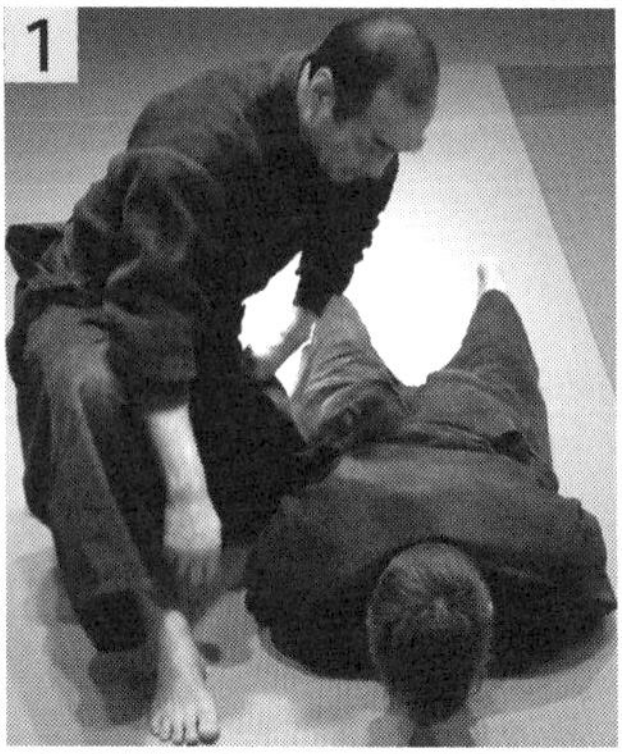

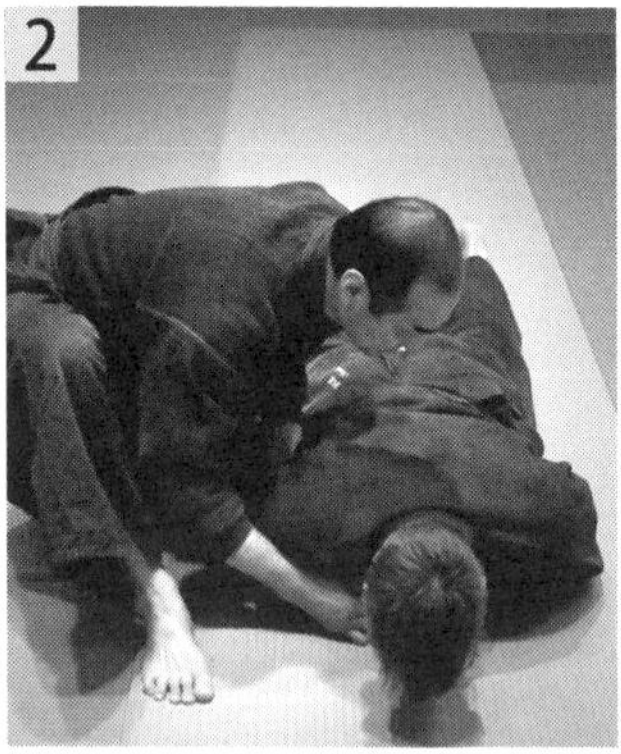

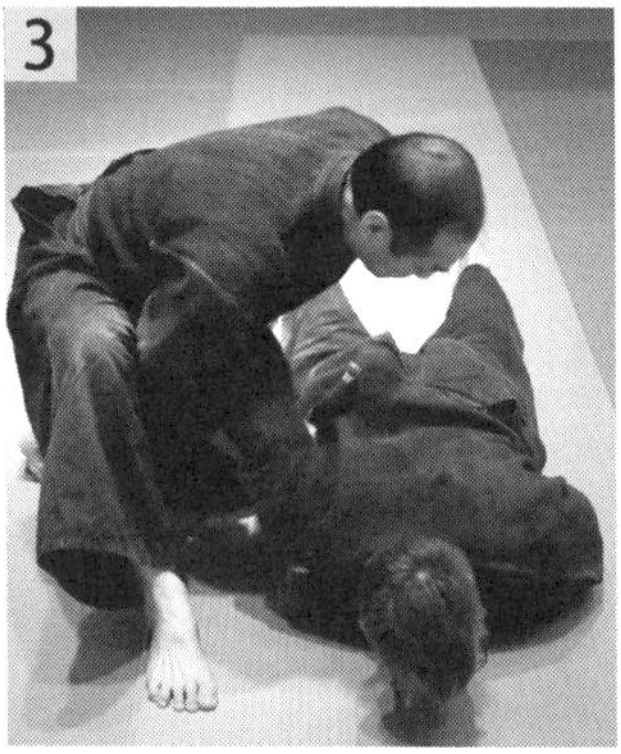

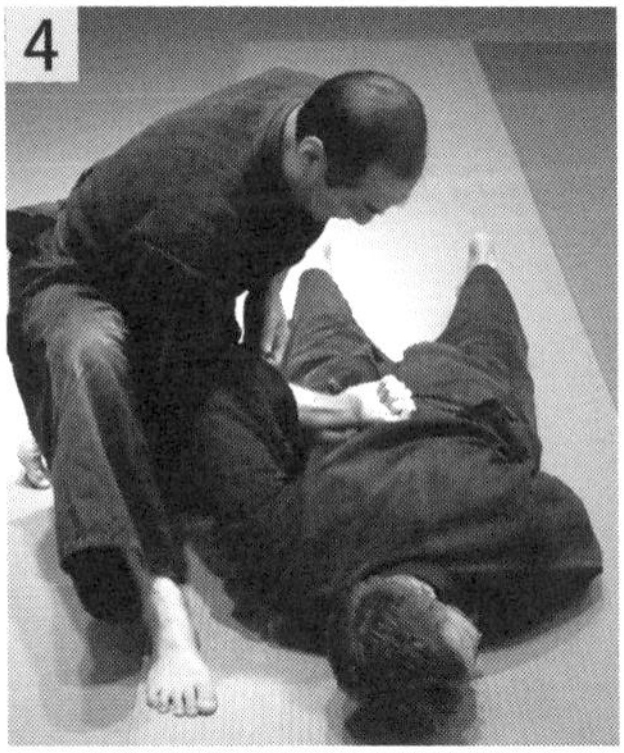

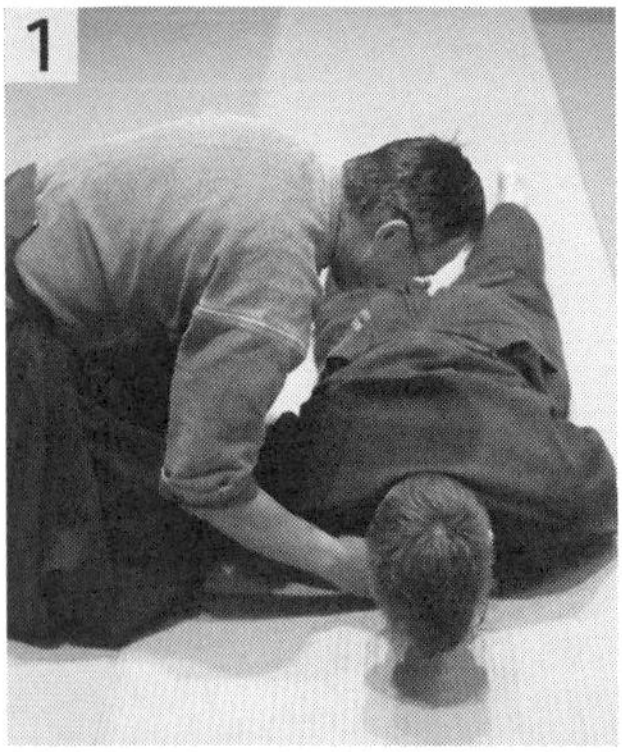

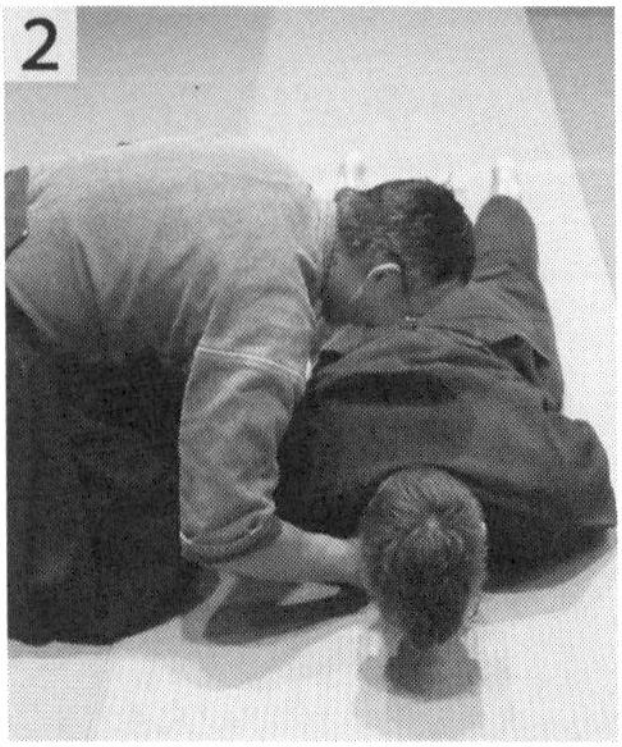

一般的な腕力稽古で腕を引き出せません。

理論通り直接相手の腰を崩しております。

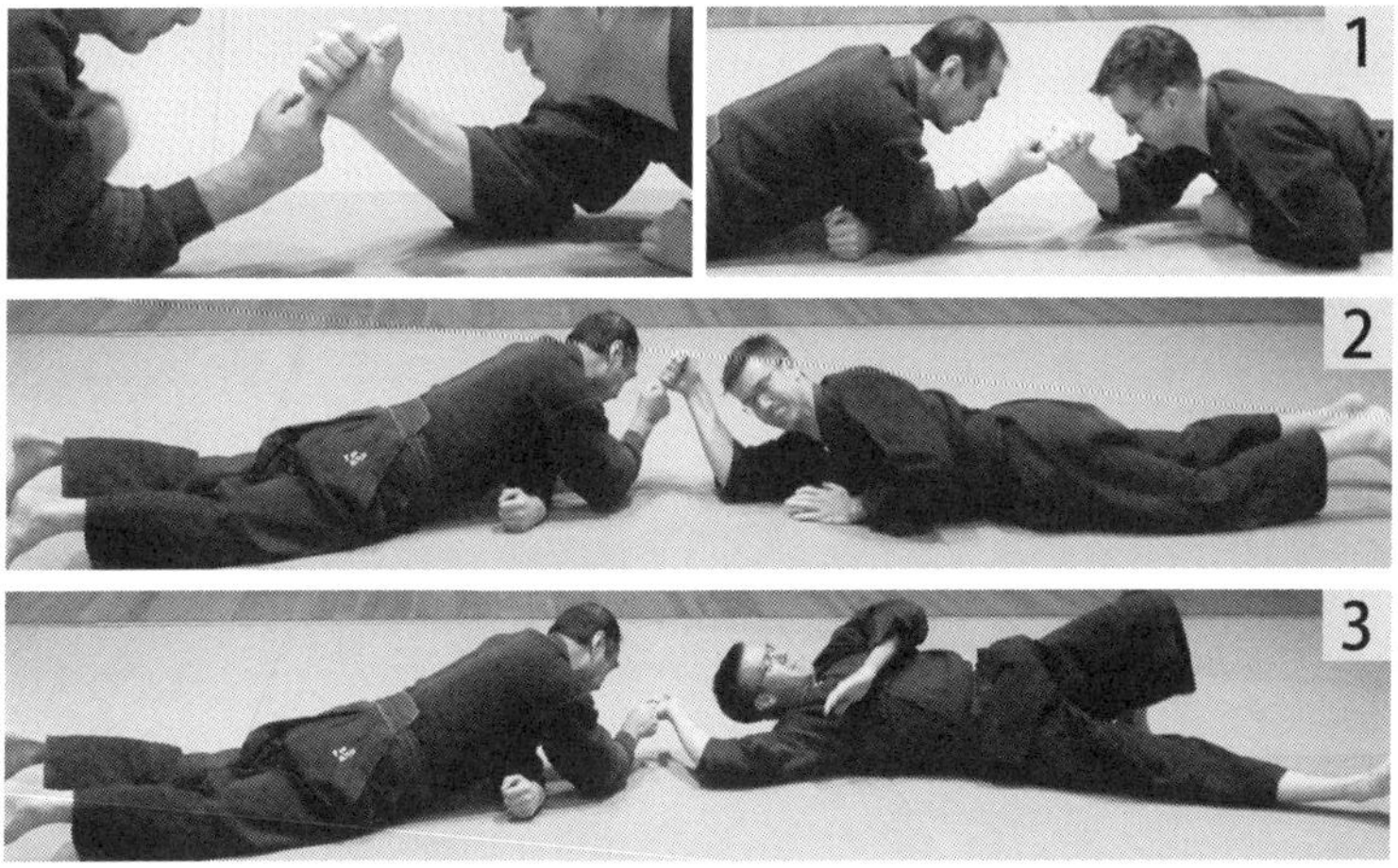

的な腕相撲のように、勝負の瞬間全力を傾けてくださるほうが、やりやすいものです。とにかく相手の方が全力を出すという条件で、稽古をするのです。あるいはお稽古でしたら、交互に理論的な動きを検証し合えば良いと思います。術者は順体を保ち、最低限の筋力はとにかくその構えを保持するという一点にのみ集中して体ごと倒します。この際は、肘が浮くことは無視します。このとき受のかたにその動作が力としてぶつかりますと、相手の肘でしっかりと受け止められてしまいます。うまくできるようになりますと、相手のかたは腰から崩れ、体ごとひっくり返る形となります。とにかく、剣の世界の動きというものは、相手の中心を取る、崩すという形をとります。手先、前腕、肩、胸などと順に力を伝えて出し、相手をねじ伏せるという運動法とはだいぶ異なるものと存じます。要するに、このような腕相撲のかたちであっても現場で生の力を出さないことが大事です。

そして、動きの非日常化が充分に進みますと、いま申しましたように、手を組み合う現場そのものでは生の力を使用しないわけですから、指一本でもかまわないということになります。相手の力を返すのは順体、等速度、直線運動などの諸理論に支えられた身体運動、体捌きそのものなのです。

もう少し、奥に話を進めて参りますと、その否定された力、すなわちすでに否定されていて術技的働きを有する、有効な身体や身体各部を、さらに消すという難しさ、おもしろみがあります。

このような理論的な世界における心身の働きの追究は、一生とどまるところを知りません。まさに術というものの深奥を学ぶことのできる世界があらゆる古典に存在するものと信じております。

コラム「達人の残像」1

Q 電車内で女性に絡む酔っぱらいをいさめようとしたら、返り討ちに遭ってしまいました。私の選択は間違っていたのでしょうか？

A 勇気ある立派な行動です。

勇気ある立派な行動に対しまして心からの敬意と賞賛の意を表したいと存じます。

むかし、京都からの帰り、祖父と電車に乗っていたときのことです。途中からだいぶ酔った様子の酔客が乗り込んできました。傘を床に叩きつけたりなどし、わたくし達のほうへやってきました。そして、われわれの斜め前に座っている女性に絡みはじめました。その様子を見ていた祖父は、何気なく酔客に話しかけ女性からこちらに注意をそらせました。酔客はいろいろとくだを巻きながら、話の応対をし始めたのです。女性はその隙に席を移動しました。

わたくしも若かったので、祖父に変なことでもしたら、と勇み立って控えておりました。そのうち酔客が祖父の持っていた刀に興味を持ったのか、さわろうとしたので、わたくしも持っていた刀の柄をあげて、その手をさえぎろうとしたと

二度目の祖父との京都武徳殿での演武です。まるで暖簾に腕押しでした。ひとりよがりの我ばかりの稽古でした。そのときは、こんな稽古があるのかと内心思いつつ、演武を終えたものです。そんなわたくしを祖父はまるごとのみこんでくれました。

き、その行動を祖父にさえぎられました。そのうち駅に到着したので、みな降り始めました。酔客はいっしょにいっぱい飲みに行こうと祖父の襟をつかもうとしました。そこではじめて祖父は、その酔客の胸を両手で強く押して椅子に押し倒し、さっさと下車してしまいました。

　わたくしがそんな応対に不服な様子を察知した祖父はこう言いました。

「ああやって自分たちに酔っ払いをひきつけておけばほかの乗客に迷惑が

コラム「達人の残像」1

かからないだろう」と。

業といえば聞こえはいいですが、暴力的にその酔客をあつかえば簡単にかたがつくと思っていたわたくしは、心の中で深く反省をいたしました。人に少しでも怪我をさせれば傷害罪です。

情けない自分の考えにこのときほど自己嫌悪におちいったことはありませんでしたし、祖父とはこういう人なのかとあらためて尊敬しなおしました。この酔客とて、家にもどればいいお父さん、かけがえのない人なのでしょう。祖父は、誰にも怪我などさせずに丸くおさめることだけを念頭に酔客と話を合わせていたのです。

ご質問の方は、酔っ払いをいさめようとして暴力を受けられたとのことですが、お怪我はございませんでしたでしょうか。今後とも、どうかくれぐれもお怪我などなさらないようにお気をつけ下さい。

撮影：桑原敏郎

第2章

無足の法

1

Q

無足の法について、お伺いしたいと思います。とくに、階段の上り下りに際して、黒田先生はどのような感覚なのでしょうか。我流で稽古もどきをおこなっておりますが、まったく手掛かりがつかめません。御技の上昇と共にその足裏の感覚の変化などをお伺いできたら幸甚に存じます。

A　動けないということが、まず出発点になります。

新しい門人に指導をいたしますと、日本人外国人を問わず、多くの方々がその運動の違いにたいへん戸惑うようです。稽古において、型の一部を取り出して繰り返し集中稽古を行いますが、その際、よくわたくしの筋肉に触れていただいて、その動き方に違いのあることを理解していただきます。外見は、いっけん同じ身体運動でも、働いている筋肉の連動がまったく異なっているという、興味深い現象が体験できます。とくに遊び稽古などでは、ごく単純な日常の動作がその対象となりますから、ほとんどの方が動いてしまう筋肉が、わたくしのその部位の筋肉はまったく動かないというようなことが多々あります。このような場合は、たいへんよくその動きの質の違いが理解できます。しかし、理解できたからといって、できるわけではありません。随意筋であるにもかかわらず、まったく意図したようには動いてくれないということが、各人明確に理解できるだけです。動けないということが、まず出発地点になります。「先生の場合は、随意筋はほんとうに随意筋ですね……」と言った弟子がおりましたが、理論どおりにその筋肉を正しい順序で働かせて、はじめて消える動きと我々が呼ぶ複雑な筋肉運動が表現されるのです。新入門者の中には、ときおり各種武道の高段者の方もおられますが、それぞれの高い運動能力をもととした我流の動きは流儀の教えと合致いたしません。それらの動きは、すべて似て非なる動きで、一般的な動き方以外の何物でもありません。そのように動いては駄目だという動き方しかできないものです。駄目だ、という意味はいつも申し上げているとおり、その動かそうとする手や足、身体に受がついた場合、はなから動きがぶつかり、まったく膠着状態のまま動けないということです。相手にぶつからずに、静かに柔らかく意の如くに型どおりのかたちに動けて初めて、その運動のための筋肉群が理想的な連動の仕方で動けたことを証明できるのです。

四心多久間流の秘伝とする無足の法を、その文字や意味内容を言葉でいくら聞いてみて、読んでみても、実地の稽古を積まなければその真意は理解できないものだと思われます。ただ、実際に稽古をすればするほど、その難しさがより深く理解でき、日常の稽古や合宿による数日間の集中した稽古により、いままで見えなかったことがよりいっそう深いところまで理解できることになります。難しいという理解がどんどんと深まるだけ、という稽古がどのようなものなのかはやっている方、やれる方にしか理解できません。目先の成果を期待しても何もそこにはありません。見えざるものの積み重ねがあるだけで、実感がともないません。筋力がついたとか体力持久力がついたとかいう世界とは隔絶しております。

歩行法について、重心の移動やら腰構えやらについて、いくら言葉を費やしてみてもむなしいだけで

無足の法

正座からひと調子に立ち上がるということは、一般的な身体動作とは大きくかけ離れております。多くの人は、まず足を出す前の準備動作を必要とします。その動作が行われる限り、そこで斬られることを覚悟しなければならないのが、剣の世界です。筋力で覆すことはできません。

一般的な身体動作によれば、腕を組まれた横の人にぶつかってしまって立ち上がれません。

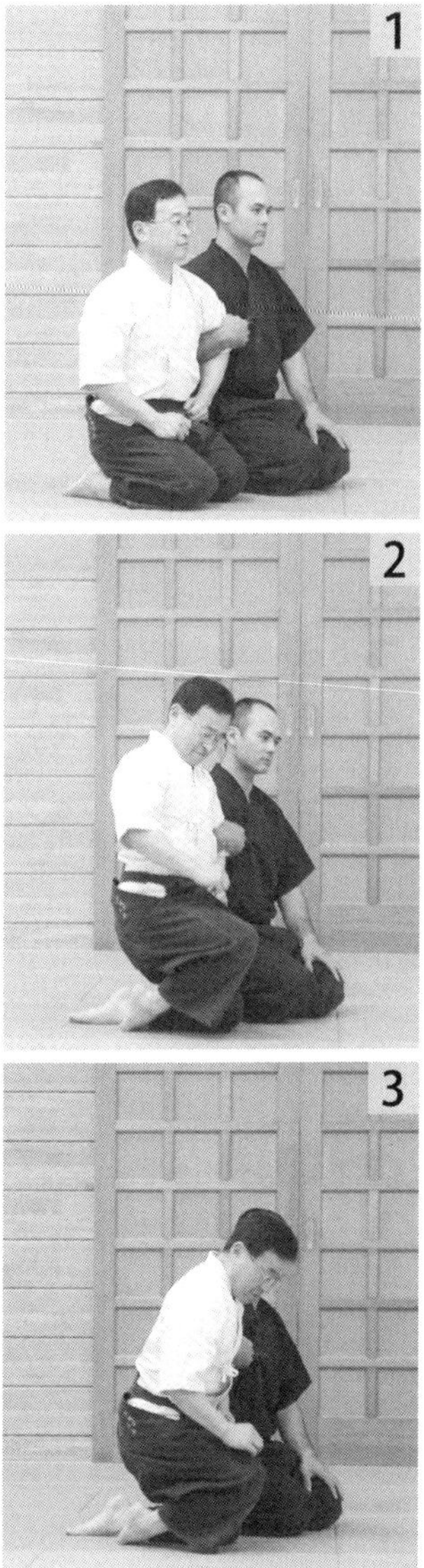

す。お問い合わせの内容につきまして、どのようにお答えしたらよいのでしょうか。わたくしという人間がどの時期にはこのような感覚で歩いていて、ある時期にはこのような意識や変化が足裏にあったとかなかったとか申し述べてみましても、それは黒田個人の感覚、体質、体癖に由来するもので、十人十色と申しますが、そんなものはどなたの参考にもならないものと確信しております。理論そのものを直接学ぶ以外には、武術を学ぶ意義はないと思っております。その理論を学ぼうとすれば、いま申し上げましたとおり、学べば学ぶほど、難しさがつのるばかりです。

日常的にどなたにでもできる武術を学ぶ「コツ」をお教えするとしたら、それはたったひとつしかありません。それは、礼儀作法に心を配るというたった一事です。関西の弟子たちは、半分冗談半分本気で（いやほとんど本気で）「乞食茶椀はやめましょう」という標語をまわしました。

無足の法にご興味がおありでしたら、なにも階段ばかりでなく、まずどこを歩くにしても足音を立てずに歩くということを終始意識されたらいかがでしょうか。そしてさらに、立ち居振る舞いに際しても、極力静かに「無音」であることを心がけたいものです。椅子や座席に腰掛けるようなとき、わたくしがよく気になるのは、新幹線などの車中で前の席の方が腰掛けるときに、男性女性を問わず、たいへん体重がおありになるかのような揺れ方、振動が起こることです。とくにほっそりした女性の方ですと、もう少し何とかならないものかと、その粗雑な感覚にがっかりいたします。ご本人は意識していない日常の感覚なので、ご自分のまわりでどのようなことがおこっているのかまったく認知しておりません。このようなことを武術では隙というのではないでしょうか。型を開始する際の礼式から受をつけますと、頭を下げる動作をどなたも行えません。受の手にぶつかり、はばまれてしまいます。隙のない正しいお辞儀の仕方、言い換えれば、侍のお辞儀は留めることができません。つまり、侍の日常の動作はすべてこれ武術の業となります。これを隙のない作法と言います。日常の礼儀作法に心を費やすということは、現代においては、武術の日常的修行にもっとも直近の大事であると思います。

2

Q

無足の法について泰治先生は鉄山先生に、具体的にどのような指導をされたのでしょうか？もし、鉄山先生がその教えによって、何か得るところがあったというような点がありましたら、お教え下さい。

A 祖父は細かな注意指導はせず、稽古で自得するものと定めていました。

剣術でも柔術でも、何事によらず足捌きは大事であるということを前提に、祖父泰治はいつも繰り返し、新入門者に無足の法の原理原則を説いておりました。

いわく、

「体構えを左半身にとり、その左の肩口を引かれるように前に体を倒していくと、後ろの右足で床を蹴らずに足を前へ送ることができる。それを順次繰り返して、滑らかに歩を進めるのだ。体を倒すという利点は、移動を瞬時に可能にする。多くは足を上げ、踏みおろすために、いったん出た足がまた後に引かれてしまう」

などといったことを注意しておりました。小さい頃から、道場で幾度となく耳にした言葉ですが、たったこれだけです。そして、その足捌きは即座に型と直結して使われなければなりませんでした。みな、半身で、使ってはいけない足を使いながらの稽古です。それは一般的な人の動き方そのもので、ただ動きにくいだけのものです。床を蹴らずに倒れる力を利用するのだと聞いたばかりなのに、そんなことはもう忘れて、自分の動きやすいように動いて、次第にその速さを競っておりました。いや、忘れるなどという次元の問題ではなく、そのような無足の法というものが、いま説明を聞いた自分たちにも古伝の体構えをとり、そうして動けば、それがすなわち無足の法であると誤解していたような気がいたします。

そんな稽古風景をみても、祖父はうるさくその極意性についてのこと細かな注意や教えなどはまったくしませんでした。あとの稽古は自分で自得するものと定めておりました。自分勝手な動きの稽古が成り立たないほど厳しく注意を与え、その駄目な動きを封じ込めたのは、わたくし個人の指導法によります。無足の法の極意性についての種々の解説は、わたくしのまったくの独創です。

かつて中国の拳法を修得されたある方が、ある一点の修得に二十年かかったそうです。しかし、それは難しくてそれだけの時間を要したのではなく、なかなか教えてくれなかっただけ。教えてもらえれば運動能力のある人だったら三年もあればきちんと修得できる。しかし、いま我々が学んでいる振武舘の業はこんなに懇切丁寧に教えてくれているにもかかわらず、まったくできない難しさを持っている。三年どころか六年八年と年数を重ねればかさねるほど、その奥がどこまで続いているのかわからなくなる。やればやるほど自分の動かない体が観えてきて、果てしがない。ほんとうに難しいことをきちんと学べるありがたさが身にしみる、と言ってくださったことがありました。

これは足に関する話とはいえ、直接無足の法とは関係ございませんが、祖父の逸話のひとつに、こんなことがありました。

ある日、祖父が若い頃、といってもすでに富山から出てきてこちらに在住している頃のこと、尾上菊五郎を観たことがありました。時代からいって、おそらく第六世ではないかと思いますが、その舞台を観ていて、ふと、「う〜ん、おしいな……」と、独り言をもらしました。それを耳ざとく舞台の上から聞き取った菊五郎は、舞台の終了直後、使いの者を即座に祖父の下へ駆けつけさせ〝楽屋までご足労を〟ということになったそうです。そこで菊五郎が祖父を前に、「先ほど惜しいとおっしゃいましたが、何がいたらなかったのか、どうかご教示のほどをお願い申し上げます」と訊ねました。「あなたは白粉を塗っておりますね。顔や肩口はおろか、着物の下の体全体に、表からは見えぬところまで塗りこんでいますね。そして足袋の中に隠れた足にまで塗っていながら、どうして足の裏まで塗らなかったのですか？　どうせそこまでやるのなら、足の裏まで全部塗るべきでしょう。その一点が欠けていたので惜しいと言ったまでです」との返事に、さすがの菊五郎も、「う〜ん、いったいあなたは何という人だ……」と言ったきり、あいた口をふさぐことができませんでした。

芸の追究も武術の追究も完璧性の追究に他なりません。ただ人に勝ちさえすればよい、負けなければよい、という点に重きをおけば、雑な動きも雑ではなくなります。見える部分が美しければよい、形がよければそれでよいということが許してもらえない眼というものが存在します。観劇などにおいてはよく見巧者という玄人がおります。それは名人上手と言われる舞台人を観重ねてきた結果身についた批評眼です。少しでも向上心を持つ人間ならば、どのようにしてでも自分の気付かない欠点、弱点を知ろうとするものです。人界に執着していては、人の限界を越えることはできません。だからこそ、人ではな

小太刀の無足

受が左脚を斬り上げるその太刀を、左足で踏むようにして体を入れ替え右半身となって受けます。まさに、その足をおろすひと動作を検証いたしますと、相手にぶつかっておろせない場合が普通の動き方です。理論化された全一体の、そこにいていいない、まったくあたらないありようが武術です。

普通の動き方では、ぶつかってしまって足をおろせません。

く神、見えぬ自身を相手にその真髄を求めようと努力を重ねなければならないのです。

月並みな言葉ですが、外柔内剛、人には優しく謙虚に、自己には謹厳冷徹ということが大事なのでしょう。かような求道の道程においては些細な甘さや粗雑な動きなどというものは絶対的に排除されなければならないことは申すまでもありません。

3

Q

以前、ご著書で読んだのですが、黒田先生は柔術の受身で無足の法を開眼されたのでしょうか。また、歩かれているときはどのような感覚なのでしょうか。

A いまだその歩きがいつも気になっております。

本の小見出しには「無足の法開眼」とありましたが、開眼などとおおげさなものではございません。たしかに一ヶ月ちょっとの間に、その場での無足の受身ができるようになったなどという文章をお読みになられた方の中には、そのような感想をもたれた方もおられるかもしれませんね。自分自身の体の固さからいままでまったく柔術を苦手にしていたわたくしがそのような短期間で、一般的な回転受身とはまったく異なった次元の身体の運用法を身につけることができるようになるなどとは夢にも思っていなかったことだけは確かです。とにかく、やってみたらできてしまったのですから、本人も驚くほどの画期的なできごとにはちがいありません。そのような観点からは開眼と言ってもいいかもしれません。

しかし、なぜそのような短期間に、いままで諦めていた受身法があっさりとできるようになったのかを考えてみますと、やはりそうなるべき下地がすでに充分に調っていたからではないでしょうか。わたくしの場合は、先輩や弟子のいない中、ひとり稽古で居合により多くの時間を費やしておりましたから、

前回り受身

床を蹴らず、畳一枚の長辺のうちに何十回と続けて行うほど、小さく回ります。

そのことが重心移動や順体、等速度などといった、まだ当時は明確な言葉にはなっていなかった理論的運動法が芽生えていたからだと思います。

居合の座構えから、浮身をかけてのち発剣をいたしますが、この第一動作の浮身と称する重要な構えを取るとき、姿勢が崩れやすいものです。崩れやすいといっても目に見えて崩れるような形のことを言っているのではありません。もう何度も述べておりますが、祖父の言葉で、構えを正しく知るということに全力を尽くすということが修行の大半である、ということを絶えず思い起こさなければならないでしょう。座構え自体が、いったいどのように座っていれば、瞬時に体動を発することができるのかを求めに求めなければなりません。そこで以前お話ししたように、一点に座るという不安定さの究極の形がもっとも安定し、かついつでも動ける体勢を保持することが可能となるのです。その座構えから等速度で無調子、無拍子に、動きの頭を知らすことなく、いきなり動きだすのです。とはいえ、どうすればそのように動くことができるのかが、まさに修行の大眼目であります。座った状態の人間と立った状態の人間とのあいだの一般的な優劣の状況が逆転するまで座ることに執着しなければなりません。太刀を抜くということが、すでに斬り終わったことと同義になるまで座るのです。

術技的には、柔術でいうところの無足の法、すなわち足を日常の一般的な足使いからはなれた方法論によらなければなりません。したがいまして発剣時には、両足は普段の足の働きをまったくしてはおりません。すでに立った状態の相手に対して、立ち上がるという運動は大きく後れを取ることとなるからです。それゆえの浮身なのです。

この居合の抜き付けのとき、わたくしの感覚では、長い間、物理的な問題も含めて、ふつうに立ち上がっていると思っておりました。が、そのわたくしの主観とは大きく異なるご意見をいただきました。まったく普通などというものではない、両足が同時に動いている。しかも、身体が上昇していくときに動いているのだから、普通どころではない、というのです。客観的には、まさに浮身からの発剣、すなわち斬り付け、すなわち抜き付けの動作を起こすとき、両足はすでに柔術でいう無足の法にかなっていたのです。わたくしの感覚としては、自然界の重力も当たり前に感じておりましたし、自分の体の重さも実感しておりましたから、この座構えから立ち上がって抜くという型の動きを、そのような次元のものとはまったく自覚しておりませんでした。そんな評をお聞きして、いつからそんなことがこの自分にできるようになったのだろうかと人ごとのように驚くばかりでした。

そんな具合ですから、どのような感覚で歩いているのかと聞かれても、やはり自分では普通に歩いているとしか、お答のしようがありません。さきほどのように過渡的な時期ですら、足裏の感覚や脚部の運動感覚など、まったく無意識に過ごしておりました。とはいえ、稽古のときに、まだだめ、できない、できない、おそい、おそいでやっておりましたから、抽象的な無足の法そのものを意識して、どうやって歩こうかではなく、歩くこと自体がどうしてもぎこちなくて、その嫌悪感が絶えず念頭から離れませんでした。

すでにいつの間にか、いくばくかの非日常的な武術の動きが日常化されたいまとなっては、そのわたくしの日常的な動きが普通の感覚であって、一般の方々の動き方が普通ではないと映るのかもしれません。そうはいっても、やはり歩いているときは、自分では普通にあるいているつもりでも、いまだその歩きがいつも気になっております。下手な歩き方というのでしょうか、まだぎこちないと言えば、そんな感じもしております。いずれ、気持ちよく、ほんとうに足を無意識に歩けることを念じて、稽古に精を出すことにいたしましょう。

肩の分離による無足の飛び足

受のいる右斜め後方へ飛んで入りたいのですが、右列の図では、肩と手首を抑えられているので、普通の脚部および上半身の筋肉の使い方では、跳ぶことさえできません。左列の図では、抑えている受の手足にはまったくぶつかる力が伝わらずにその腰だけを崩しつつ移動を完了しております。

4

Q

黒田先生は普段の歩行ではどのようなことに気をつけておられますか。また現在でも何か気になること等はございますか。

A ほとんど気にしていませんが、うっすら気にしながら歩いていることもあります。

相変わらず女性の足にも追い越されるような歩き方をしております。通勤する女性の足となれば、わたくしの普通の歩き方ではどんどんとおいていかれてしまいます。

以前は歩いていていつも歩き方を気にしていたのが、いつの間にか、気になる程度となりました。それもいまあらためて聞かれてみると、あまり気にならなくなっているのに気がつきました。たしかに、足裏に感ずるものや脚の動きに違和感を覚えるようなことはまったくなくなったとは言えませんが、でもほとんど現在は気にせずに歩いていることもあります。……ことも、あるという程度ですから、やはり何となくうっすらと気にしながら歩いていることがあります。

そのようなご質問をされるからには、なにか足捌きについて学ばれているのでしょうか。舞のような足捌きは、日常の歩行のかたちとは異なる、型ですから、意識に意識を重ねてそのような歩行法を身につける努力を積み重ねるのでしょう。そのような型から入り、日常の歩行法が術化されたとき、平常の歩行のかたちをとりながら、一般人の歩きとは異なった姿勢や歩行が可能となるのでしょう。

わたくしの現在の日常の歩き方がどれほど術化されたものかは、あやしいものですが、感覚的にはたしかに以前ほど気にならなくなっております。気がつけば、こんな事に気をつけているということがありますが、それも今申しましたように自然にそんな気の使い方をしていた、という感じです。それは、なるべく足音をたてないようにするということです。ですから、同じ場所を歩いていて、人とその足音の大きさの違いに、我ながら、他人はあんなに大きな足音が立つのかと驚くこともあります。また、細めの女性にもかかわらず、体重のある人のようにコツコツと靴音高く、あるいは運動靴でも床に響くひとがあります。男女にかかわらず、そんな足がそばを通り過ぎるのは嫌な気分にさせられます。欧米のホテルのロビーが吸音性のあるものに張り替えられるようになったと聞いて久しくなります。欧米でも男女の靴音がけたたましくなり、他人への不快感の回避を思いやる紳士淑女、礼儀をわきまえる人々が少なくなったということでしょう。

家内に後ろから呼びかけたとき、たいへん驚かれると同時に心臓に悪いと怒られたことや、米国のホテルの廊下でシーツを山と積んだワゴンを押してくる女性従業員の方が、前から客が来ているとは思ってもいなかったらしく、わたくしが壁際に体を寄せて廊下を開け、目が合ったとたんに胸をおさえ、大きな仕草で驚いたのです。そんな反応を見て驚いたわたくしもあわててあやまったことがありましたが、手ぶらの彼女と翌朝またすれ違ったとき、わたくしをちらと見て微妙な笑みを浮かべておりましたのが、いまでも印象に残っております。おそらく長年多くの客に接してきたなかで、幽霊のようなへんなやつとでも思われてしまったのでしょうか……。

そんな足に関しては、ご承知の通り、無足の法として振武舘においては日々稽古が繰り返されているものです。深い一文字腰をとります。なるべく足幅は広いほうがよいでしょう。その片足を受に軽く把持してもらい、取がその足をもう片方へ引き寄せる動作のとき、ぶつかるか否かを検査してもらいます。

多くの方々は、どうしても軸足となる片方へまず重心をさきに移動させてから引き寄せる足を動かそうといたしますので、その二調子、三調子の気配の出る動きのため、ぶつかりが生じ、動かそうとした時点で受に抑えられてしまいます。無足の法の原理に則り、体を倒して重心移動をおこなうのと同時に足を引き寄せる、すなわちひと調子に動くのだと説明を受けても、そのように、思った通りに動けるものではありません。体を片側に傾けて、重心を片足に移動させ、そこから足を引き寄せようとしますので、前のだめな動き方と大差はありません。

このような、単純な動作ではありますが、こうした条件のもとでは、日常動作の一つひとつが術技的にはどれほど難しいものかを知るよい機会、よい稽古となります。

同様に足部を手で、または腰部を後ろから抱きかかえられた状態で、前後左右に歩を進めることができるか否かを検査します。体を倒すのが無足の法の原理原則であるといいながら、足そのものを使って体を倒して重心移動をおこなってもひと調子にはなりません。また足を使いながらの体の倒しはさきほどと同じく受にぶつかりますので、動けません。無足の法という術技を深く学ばなければ、剣術、居合術、柔術などの正しい身体運動は不可能です。太刀を持って前後左右に歩を運ぶ、すり足を使うのだと言われても、多くの一般人は「こすり足」から始まります。いつまでもこすってばかりはいられません。

無足の法真面目

図ではわかりにくいと思いますが、右列第2図ですでに右足はひと調子・等速度に動き始めておりますので、受の腰を直接的・直線的に崩す働きが生じております。左列第1、2図は右足を動かすために、左足への重心移動が前もって起こっており、そのために動くことができません。

なるほど、この歩行では足の悪いお年寄り以外、追い抜かれます。たしかに、同行者に合わせて広い歩幅での早歩きもできますが、あまり得意ではありません。

第3章

“手を使わぬ”抜刀

1

Q 居合術で先生は「右手で抜かない」とおっしゃっておりますが、そうすると鞘引きに関しても同様に「左手で鞘を引かない」ということが言えるのでしょうか。

A 一般的な運動法で鞘を後方へ引けば、これはただの手抜き、まさに手抜きの形骸となります。

居合術における大命題、「抜くことに大事こそあれ」と言われておりますように、右手で平々凡々と太刀を抜くことを繰り返していたのでは、日常的な動きの延長上にとどまるにすぎません。それは、一見速く、強く抜き付けているように見えますが、術理をともないません。では、何をどのようにして剣を抜き付けることができれば、真の意味での「術」を得ること、発揮することができるのか、ということに先人、古人は命をかけたのです。今日の我々がそれを学ぶことができるのも「理論としての型」があるからこそであります。ということは、理論的価値を持たない形骸化された型には何の意味もないとも言えます。

右手で抜くなと型が教えてくれていると思うようになったのは、民弥流居合術の型の一本目「真之太刀」を修行したからにほかなりません。浮身をかけ、柄頭を前方の床に着地いたしますと、自ら体捌きをもって左手のみで鞘を引かなければなりません。このとき、左手の一般的な運動法で鞘を後方へ引きますと、これはただの手抜き、まさに手抜きの形骸となります。そんな小手先の運動をいくらしてみても、意味不明、理解不能です。しかし、これが我々の出発点なのです……。

では、何のためにそんな型を稽古するのか、もう少し続けて二本目の型についても見てみましょう。この型では、浮身をとり太刀を右横に返した後、太刀を我が腹部前で抜き放つのですが、右手を右方へ引き出すのではなく、左手の鞘引きと相俟って前後方向の直線、すなわち右腕は後方へ引かれなければならないのです。分かりやすくするために、柄頭を壁につけて、一本目と同様の条件をつくりますとそれが明確に理解できます。右手、右腕は体捌きと共に直線的に後方へ移動する運動となり、元は横に変化をさせた太刀が縦の変化となり、切っ先は即座に相手に向かいます。横に太刀を抜き放ってから、切っ先を相手に向け、そのあと突く動作に移るのではありません。そのような抜き方は、多くは鞘を損傷いたしますし、技としては意味をもちません。

正しい太刀の変化を可能にするものが、体捌きから生まれるところの左手、左腕の鞘の引きです。左手そのものが働くようになるために、腰を開くとか、引くとかいう指示がありますが、多くは腰がまわります。これは遅い動作となり、一般の動きでしかありません。腰の開きというのは、その躯幹の直線の開き、引きでなければなりません。それにともない左手腕の直線の引き、および胸の開きも同調させなければなりません。

すべての体捌きにおいて、この目に見えない直線性を保たなければなりません。というより、まず直

民弥流居合術行之太刀

図のとおり、縦に抜いてそのままの縦の突きであります。見えざる縦の変化により、太刀の峯と腹部との間には隙間ができません。初心のうちは太刀と身体とのあいだに無駄な空間ができやすいものです。そのため、離れが生まれず、切っ先の変化は遅くなります。

線の動きを作り出すことが型修行の一大眼目となります。直線の体捌きによる鞘引きを何によって作り出すかと言えば、それは左肩を後方へ引き回す運動ではなく（これでは肩が消えず、まわる運動となってしまいます）、肩胛骨が直線的に脊柱方向へ引き寄せられる運動による、身体のねじれや回転運動を排除した鞘引きによります。観える方々にはその稽古着の下で身体がどのように働いたのかが理解できますが、一般の方々の目には、どこがどう動いたのかわからないうちに太刀が抜き出されたかのように映ります。すなわち身体は端正を保ったまま左手の軽い引きにより右手で太刀をひょいと抜きだしたよ

うにしか見えません。肩や腕、腰の振りなどの力感は当然皆無となります。

いま思えば、型を教えてくれた祖父の動きを、ただただきれいだ、端正だとしか印象を持たなかった原因は、そこに働く身体がなす、静謐性があったからこそでありました。ひょいと右手を軽く掛けたと思ったら太刀が抜けてしまうような動作を支えるものが右手で抜くな、左手で鞘を送るな、腰を回すな、と言った指示言語なのです。左手で鞘を送るな、抜くなということは体捌きそのものに左手左腕が従うことを意味しております。その具体例は先ほど申しましたように、左の肩胛骨が、肩ごと回り込むのではなく、そのものが直線的に内側に移動することにより左腕が引かれ、肩周辺部における直線的動作が生まれるのです。

このような特異な左半身《はんしん》の働き、および身体の完全静止と左右個別の運動の同時性に支えられて、はじめて右手で抜かない抜き方、左手で鞘引きをしない抜き方が現実化いたします。

あそび稽古で右前方に立つ受が太刀を構えるこちらの右手を左手で押さえております。この状態から太刀を横に抜き払います。一般的な運動では太刀を抜こうとすれば当然受にぶつかって抜けませんが、左の直線の鞘引きができれば、そこに長大な円弧が生まれ、受にはぶつからずに、その腰を取りつつ太刀を抜き放つことが可能となります。

2

Q

居合術において、黒田先生は右手で抜くなと指導されておりますが、そのてんがどうもよく分かりません。じつは抜刀を速くしたいのですが、どうすれば速く抜くことができるか是非例の「こつ」をお教えください。

A 座構えをとることです。

例の、こつで言えば、かの道元禅師も述べておりますように、只管打坐、これひとつです。ただただひたすら座ること。座構えをとることであります。

「こつ」をお教えした以上、これでご説明を終えたいところですが、そうもまいりません。

往時は、流儀流派を問わず多くの居合は、たいへんゆっくりと稽古、演武をしたものです。わたくしの父なども、祖父からそのように聞き及んではおりましたが、終戦後の武道復興期に老齢の師範が抜かれたのを、あとにもさきにもこの一度見たきりだったとのこと。その後は、序破急の抜きと加速度的早納刀に象徴される現代風のスポーツ居合に加速度的に変化をしてしまいました。それでもわたくしが祖父に連れられて京都へ行き始めたころは、まだ静かな納刀をされる方もおりました。無外流の範士中川士龍先生などの納刀は、その周囲が静謐な空気にひたひたと納められていくような、しかも緊張感に満ちたたいへん素晴らしいものでした。

せっかく居合をお稽古されるのでしたら、速く抜くことよりも、こちらの緩徐たる中身の濃い納刀を勉強されたらいかがでしょうか。

ゆっくり稽古をしてなぜ速くなれるのか、なぜ座るのかなどの詳しいご説明は拙著にてずいぶんと昔からしてまいりましたが、概略お話をさせていただきます。これらこそがまさに伝統だからです。いにしえの侍が、「初め極めてしずかに抜かざれば一生手移り悪し」、悪ければけっして速くはなれないとその稽古の真髄を伝えております。速く抜けるようになるためには、きわめて静かに抜く稽古を積まなければならないと伝えております。何を極めて静かに稽古をしなければならないのかといえば、古伝の型しかございません。古典の伝統を崩さずに、正しい作法で身体を働かせることに集中することです。少し、何らかの形を覚えて、すぐにそれを早動きしてみても、技は生まれません。我流の早抜きは百害あって一利なしです。単なる筋肉の運動にしかなりません。

毎度のご説明で恐縮ですが、そもそも型というものは実戦の雛型などではなく理論なのです。いろいろな状況に応じて、それこそ実戦の場で間に合うように、抜き応じることができるようになるための、身体運動を理論化するためのものなのです。しかも、話を少しさきに進めさせていただきますと、なによりも、その体得した居合の抜刀技術そのもので実戦に対処しようと考えること自体が僻事であります。居合の型のひとつひとつを個々の技であると認識することは誤りです。それはとりもなおさず、自身で技を形骸化させていることになります。型を技と認識し、個々の場面で使おうとすることこそが、生兵法とも言うべき行いでもあります。武術としての居合術というものは、その術技を得た心身がいかに柔軟に危害、危難に対応しうるかということに重点がおかれるべきものです。抜いてもよし、抜かずに柔術になっても良し、抜いて剣術になってもよいのです。そこにおける心身の働きがひとから害されぬ程度に発揮されればよいのです。

つぎに只管打坐のお話です。なぜ座るのかという問題は、まさに筋力で刀を抜き、打ち振るうのではなく、体捌きによって、見えざる速さを獲得するためのものだからです。加齢にともなう体力の下降に反して太刀や身体の速さの上昇が絶えないということは、技の熟練度におうこと絶大であります。ひとの身体各部の運動ひとつとって見ても、たとえ手首ひとつにしても、型のある一定の運動において、まったく同調して動くことはまれです。同調したときこそが、消える動きとなります。それは相手を崩します。ここでいう崩しとは、物理的にその動きが相手に作用した結果ではありません。その動きが相手に対して未来の攻撃につながる正確さをもつものだからこその、相手の退避防御反応を誘発させるものです。正確さ精密さがなければ、攻撃がおこっても相手は躱す余裕を持つため、崩れることはありません。手首一つで、こうなのです。座構えという、ひとの身体にとって至難の構え方が伝えられております。どこが至難であるかは行じた者にしか理解できないことでしょう。この座構えから居合術における浮身をかけることができれば、すでにその身体は術の世界にいることのできる許された身体なのです。

右手で抜かないというのは、たしかに柄に手をかけるその手は、指を掛ける程度、指でつまむ程度、あるいはふわりと掌がのっている程度と観念し、体捌きそのものでその手を働かすことに集中することによって古人の教えを実感することが可能となるのです。

柄を握れば、死に体となり、右手がせんに動けば、斬り落とされます。

「見せるべきものではない、先《せん》取り稽古」

受（向かって左方）が優先で先に抜き付けをかけます。取は、その起こりの先を取って抜き付け、斬り留めます。型としては、縦、横、斜の三通りを稽古しておりますが、受の気配が出ており、初心の内容でしかありません（それゆえ人に見せるほどのものではないという謂であります）。

1

2

3

3

Q 次頁写真の居合術に関してですが、たしかに写真ではご説明のとおり右手で抜いているようにしか見えません。この抜き方のどこが右手で抜いていないのでしょうか(まったくわからん……)。

A **写真あるいは動画ではとくに学ぶべきところが見えないため、修業者および一般人の眼にもそこから術を読み取ることはできません。**

いや、逆にこの分からなさこそが術そのものの本質を表していて妙であると存じました。このことから、正しい動きは見えないものである、ということが改めて証明されたようで、その点に関してはうれしく存じました。

民弥流居合術において、行之太刀はひとつの難関でございます。この太刀が抜けて、はじめて二ツ目行之太刀とも称される裏の切付に近づくことができます。名人田宮平兵衛がきつく教え諭しておりますように、右手で抜き出せば術には至りません。その右腕は斬り落とされるぞと戒めているとおり、居合の術技からは程遠くかけ離れた動作となってしまいます。「型は理論である」というわたくし独自の説は、

右腕絶対切断の居合術

右腕不使用の説明演武の中、みなが理解不能、抜刀不可能を連発するので、自分で映像を確かめ、納得した次第。抜ける状況に達するまで「右腕絶対‼ 不使用」ということがまったく見えません。右腕でひょいと抜いているように見えますが、その本旨は抜かずに体捌きのみで受の手を解除することにより、はじめてひと調子に抜けるものです。

まさにこのような状況を突き詰めて初めて理解しうる理論の世界なのです。

ところが、それとは正反対の現実的な闘争を前提とした修練をされてきた海外の方々までが、何ゆえにわたくしどものような古伝の伝統的な型の世界を学ぼうとしてくださっているのでしょうか。それは非現実であり、型という理論の世界だからこそ、現実的な各種闘争を想定する次元を離れて、剣そのものを相手とした術技を学ぶことが出来ると理解したからなのです。

つまり、力の絶対否定とは何を求めているのかということを、稽古を通して身をもって体験して、初めて侍の稽古というものの本質の一端に触れることが出来たからなのです。今回のご質問にある居合術ばかりではなく、わたくしが学び伝えている侍の武術は、すべて見えざる「術」そのものを学ぶことが主体となっております。

ご質問の拘束された状態での居合の術ですが、図像では動く以前に、彼我の相対的な状況における逆転現象から、すでに受は回避行動を起こしております。行之太刀様の抜きにおいては、重要な左半身《はんしん》と左手の動きに注目すれば、動いていないように見え、右手で抜いているように見えてしまいます。これを真似してもどなたも抜けません。

そんな状況なので、もっと居合術の根本原理を稽古しなければなりません。そこで、まず動きを二段階に分けて稽古をすることにいたしました。

居合の真向斬りで稽古をしましたが、構えの変化を集中して学ぶのです。構えは身体の変化に伴い縦、横、斜め等に変化をいたします。いずれも右手で太刀を抜き出すことは絶対禁忌としております。右手で抜けば、その時間と力の損失が発生いたします。抜かずに構えが変化をするだけならば、同じ型の中で抜く時間を持たない動きのほうが速く強いことは自明です。

今、稽古を分けてご説明をいたしました。これで型は同じでも抜き方そのものに有る無しの差が存在することがご理解いただけたでしょうか。これをひと調子に完成させますと、身体の変化、すなわち構えから次の構えへと変化をさせたとき、名人田宮の戒めを守り、右手で抜き出す動作のない変化はすでに斬り終えていることになります。右手で太刀を抜き出せば、そのまま加速度的に抜き続けなければなりません。加速度運動では、その動きは消える動きには到達しません。身体から腕、手を通した太刀の動き方をみれば、いずれが効率的か、速いか遅いかは容易に理解できるのではないでしょうか。

次の頁の後ろ縦斬りの図でも受が早期に崩れておりますので、太刀の動線は垂直ではなく斜めになりました。同じく下からの垂直の斬り上げも斜め四五度ほどの角度で抜き上げている形になっております。これら四五度の刃筋の抜きは、体捌き不充分な初心の方がみな抜けずに受の拘束により停滞、膠着してしまう抜きの形とまったく同形です。それが、わたくしの図像では前述のとおり、状況の逆転によるその速さ、危険性を察知できる人は、その時点で反射的に回避しようとするために拘束が緩んでしまいます。それゆえの早期の抜刀が可能となっていたためのたいへん紛らわしい図像でした。これらの図像は駄目な例の図としての形態を表しております。出来てもできなくても同じ形態が存在することになり、大変混乱を来すことになります。

そこで、抜かずにどこまで体捌きを発揮できるかという居合術の根幹に集中するために分けて稽古をすることになった次第です。この稽古により、動いてしまう右腕の存在がより明確になりました。それは即座に相手に斬り落とされてしまう右腕です。

1

2

3

4

5

6

横、縦上、縦下それぞれ右腕脇と肘は右体側に着けたまま発動します。左の体捌きを何より優先させ、その鞘引きの左体捌きにすべてを一致させせます。

ここでは前腕の位置が三方向それぞれに変化をするのみで抜く動作を排除したがゆえの受の崩しが発生しております。受にぶつからずに、その組手をほどかせております。このような術を求めるための拘束居合稽古でした。

型の修業とは、理論をつくして長年の修練を繰り返さなければならない、というごく当たり前のことが理解されるばかりでした。

4

Q いささか居合を嗜む者ですが、先生の「右手で抜かないのが居合である」というお言葉を知り、大変衝撃を受けました。右手で抜きながら、いつかは右手で抜かぬ抜きに到達できるのでしょうか。

A **右手で抜くな、とはひとつの技言語としてあるだけです。どうぞご自身の道を存分に楽しまれてください。**

型の存在する意義は無駄な稽古をしないで済むということに尽きると存じます。四百年以上も前から、名人と謳われた侍がその無意味を教え諭して下さっております。型そのものは、何もわからぬ初心の段階から極意と呼ばれる異次元の身体活動に至るまでの階梯《かいてい》を示し、教え導くものとして存在しております。ただし、それは我々にとっては巨壁としての階梯でございます。

それゆえ、わたくしのような愚鈍な者には、その教えを守って修行することがいかに大事この上ないことかが身に染みて理解されることでした。幸いなことに、わたくしは先祖の逸話とともに祖父が身近にあって、術の世界のすばらしさを幼いころから肌身に感じる環境で育てられました。

今まで繰り返し述べてきたことですが、わたくしは型以外には何も出来ません。この歳まで上達し続けている云々という言葉を、強くなり続けていると誤解される方はおられないこととは存じますが、もしかしたらそんな方々もおられるのでは、と危惧いたしております。元来わたくし自身の稽古は、強くなることを目標としてはおりませんでした。家に残された、当時としては名も知れぬ古伝の流儀ですので広めようなどと考えたこともいっさいございませんでした。ただ、とにかく我が家にこの型だけでも残したいという一心で稽古を続けてきただけです。その稽古がいまだにわたくしを育み、創り続けてくれているのです。

若い頃から、いや明確な言葉としての自覚もない子供のころから型は実戦の雛型などではない、理論であると確信しておりました。身近な祖父はそんな型の世界での猛烈な修業により近代、現代剣道などとは異なる世界でその身体を創りました。偉丈夫と言える岩盤のような身体を持つひとが、絶対に力を使ってはならぬというのです。その身体はまさに理論の塊としての身体です。非日常的な異次元の身体です。その世界を学ぶことはどなたにでも可能なのです。そして、稽古をすればしただけ自身の身体を作り替えることが可能なのです。

その世界では、まず力の絶対否定という大きな壁が立ちふさがります。人間は筋肉により動き、活動をしております。それを絶対という言葉でまず否定してしまいます。そして、等速度で動かなければなりません。しかし筋肉が働けば加速度的にしか動きません。そんな言葉では説明のしようのない動き方を型の補助的なものとして、言葉、つまり昔から伝えられている術語などを用いて説明をしたものです。

言葉には真意を伝える力がございません。型だけがそのすべてを伝えることができるのです。とはいえ、その型自体も大きな難題を抱えております。型が動きの手順を示せば、それはすでに形骸となる宿命を背負っております。ある定まった形で攻防の手順を表したものが型というものです。しかし、本来の正しい動き方をする型は見えないものです。それゆえに、術というものは目には見えないのが本質でございます。

剣術ですら、わたくしどもの稽古では、まだ型の使い方が核に向かって変化をし続けており、太刀の動きが大きく変わりました。昨年の型の動き方とは大きく異なります。勿論《もちろん》、型の手順そのものはどこも変わってなどおりません。ひと言でいえば上手下手があるだけです。その上手さがさらに押し上げられたとでも言えるでしょう。そうなれば当然速さも見え方も異なります。道場での弟子の感想を聞いても自分の動きはどのような感じなのかはわかりませんが、動画によって納得いたしました。弟子たちの言葉によるわたくし自身の動きが、そこでやっと理解できました。

振武舘では、このような身体の変化を積み重ねたうえでようやく居合術に手が届くようになるのです。居合術というものは剣術中の精髄であるというのが祖父泰治の言葉でございます。剣の精髄に到達するためには、本来は柔術から修業を始めるものでした。ある段階で師の許可があって、初めて稽古に入ることのできる段階に居合術は存在しております。先に述べたとおり、そこではすでに四百年以前からの掟が生きております。右手で太刀を抜き出せば斬り落とされると、きつく戒められております。わたくしごとき者にはその恐ろしさ故、掟に縛られての稽古を楽しむしかございません。

初発刀に始まり初発刀に終わるなどとも伝えられております。居合の型が順次進むとともに、確実に

不抜之抜刀論

右左列の図を同じものと見る眼と全く異なるものと観る眼とがございます。祖父の言、体を開くから倍速い、と。右手で抜き始めれば永久に、間も実際の速さもこの倍速に到達することはかないません。かの示現流にならい右肱切断とも言えましょうか。

段階を昇ることができて初心の手合いが極意に変貌することを表しております。どの流儀でも同じことかと存じます。右手で抜くな、とはひとつの技言語としてあるだけです。どうぞご自身の道を存分に楽しまれてください。

5

Q

居合術の鞘引きに関して、黒田先生は、太刀の抜き付けを〝鞘を縦に落とす〟とおっしゃっておられますが、鞘を引いてから腰の後に落とすと、ひと動作分よけいな動作のように思えますが、いかがお考えでしょうか。

A そこに極意性が不可欠な身体技法があるからです。

刀剣というものの形状からすると、細長い物体ですから、それを鞘から引き抜くという動作は、どうしてもその物的特性からはなれることはできません。しかしながら、古人たちがいかに速く抜くか、先を取ることができるか、ということに執着しぬいて、行きついた果てが「離れの至極」といわれる心身技法のひとつです。至近距離において圧倒的に有利な状況の九寸五分の合口を、三尺の太刀で抜き留めるためにはどのような身体技法が必要なのかを古人たちは命をかけて追究したのです。ごく普通の人間が当たり前のことを、当たり前にやっていたのでは、術にはいたりません。ましてその状況下において、鞘を腰まで送ってから、腰の後に引き落とすなどという動作に深い意味を見出すことなど到底できません。斬りつけるということに大事があるのですから、そのとき鞘なりに抜いて後、鞘を縦に落とすなどという二動作を同時におこなうことは、現実的な観点からみても不可能とも言えるでしょう。逆に無意味なかっこうだけの型とも判断されかねません。

　では、なぜ鞘引きは縦に落とさなければならないのでしょうか。そこにさきの離れの至極と呼ばれる極意性が必要不可欠な身体技法として存在していることを理解しなければなりません。すなわち、いまだ術技のいたらぬ、常識的考えしか持たない自分には理解することのできない未知の身体運動があるということをまず知らなければなりません。

　一般的に鞘を左腰まで引くという動作は、どうしても左腕、左脇があき、胸が閉じる（詰まる）傾向にあります。このとき脇だけをしめるというような即物的な対処がおうおうにしてなされます。これは太刀が体（中心、斬撃軸）から離れます。そして、本人は鞘なりに前方へ太刀を抜き出していると誤解しております。実際、太刀はたしかに自分の見ている前方へと抜き出されておりますから、その過ちになかなか気づくことはありません。ここに師伝、直伝ということの大事があります。見よう見真似で真の術技を得ることなどとうていできないと知るべきです。技を盗むなどという稽古法は存在しません。師に教えを受け、稽古をし、問いただし、稽古を重ねるのです。

　話が少しそれますが、では、そのようなほんとうのことをきちんと学びたいと思ったとき、どのような態度で師となるべき人に接したら良いのでしょうか。現在の日本人は、終戦後の教育によりかつての日本人と異なり、師に就く、とか教えを請うという態度が希薄になっております。あるいはまったくありません。金員を支払うのだから教えてもらうのは当たり前、というカルチャーセンターや何々教室と同様の感覚しか持たれていないようです。手紙の書き方や電話のかけ方などについては、以前、書かせていただいたこともありますが、とにかく我々の世代から上の方たちが常識としていたものがなくなってしまいました。とはいえ、巷にはマナー、冠婚葬祭に関する書物はいまだに定本として存在しております。しかし、大人になっても、乞食茶碗、猿茶碗の持ち方しかできない、知らない方たちが大勢をしめる今日、武術を学ぶ意義の第一は、このような機会に、まず日常の規則、居住まい礼儀作法をきちんと守れるような躾を学びなおすということです。海外でブランド品を買いあさる我が日本人は、人としてノークラスとしか評価されておりません。上中下のいずれにも属さないのです。ノーブランド、ノークラスだからブランド品が欲しいのかもしれません。金を落としていく客だから向うは笑顔で迎えてくれますが、評価は最悪の人種です。それは当たり前の常識というものをわきまえていないからです。人として当たり前に振舞えて初めてそこに上中下の評価が生まれるのです。遣米使節団の木村摂津守がよく引き合いに出されますが、当時の日本人は、外国語などひとことも話せなくとも、海外において多大な尊敬を受けました。それは日本人としての型を持っていたからです。侍には侍の、町人には町人の型がそれぞれ備わっていたのです。それはそれぞれの階層における生活習慣のなかの型、すなわち躾、行儀作法によって育ったからです。それこそ美しい日本の、美しい人々だったのです。

そういう人間たちが太刀を抜くということに命をかけて突き詰め、そこに生まれた究極の術技が、こんにちの日本では古いものとしての評価しか受けておりません。古武術、古武道といい、古びたにおいをかぶせております。自国の文化に誇りをもてないような教育により育った今日の日本人は平気で弱いものをいじめます。日本人の情緒を失ってしまいました。これは教育、躾で取り戻すことのできるものです。

鞘を引くのは左手、左腕ではありません。体捌きといいますが、まさにその体捌きこそが鞘を縦に落

横払

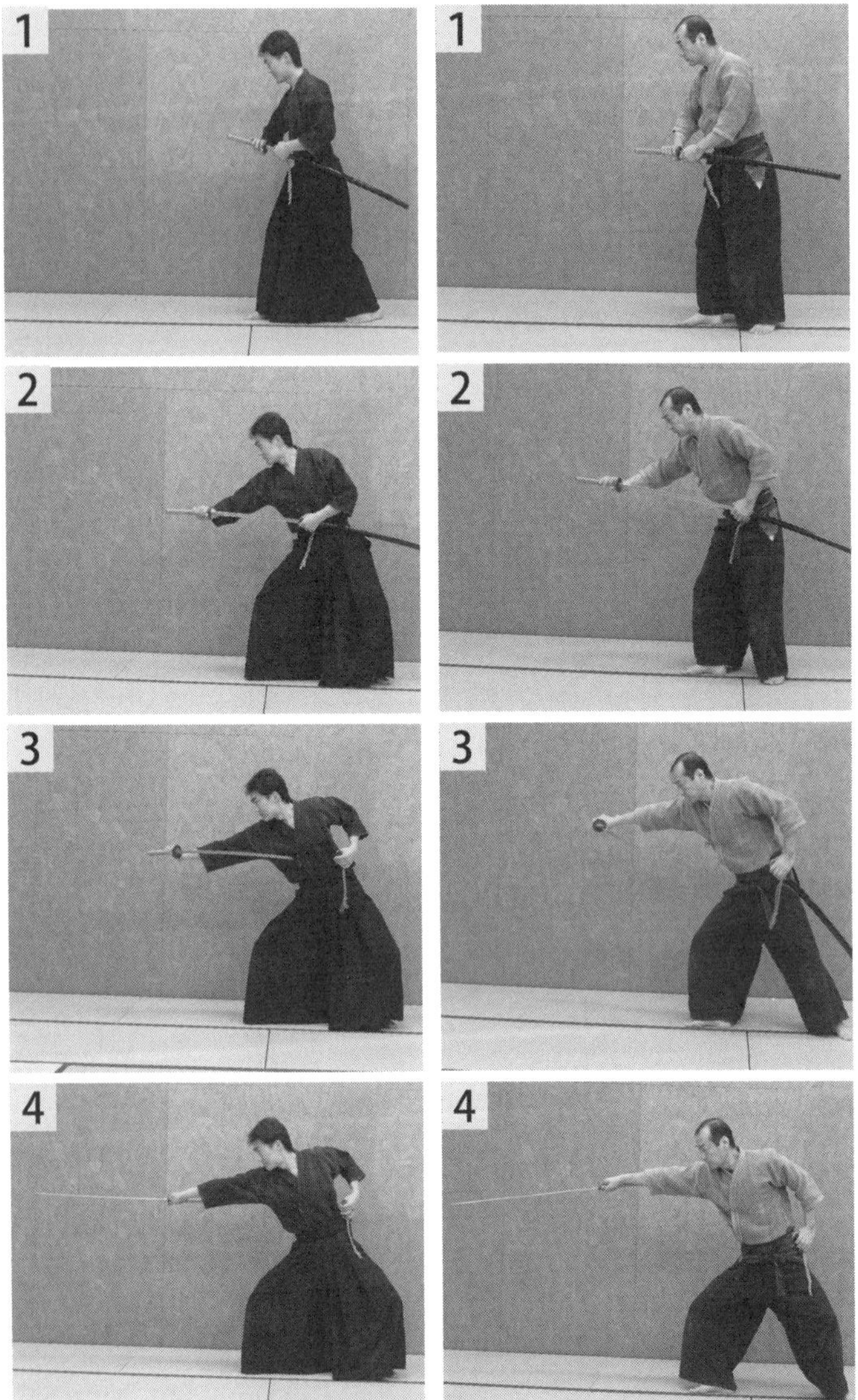

左列（初心者）は、右列と比べると左上半身をいかにも開いているようですが、左手の遅れとともに肩も詰まり、そのため左手首がそのひずみを露呈した形となって現れております。誰でも鞘を大きく引こうとすれば初めはこの形にしかなりません。

とすという感覚を生んだのです。ひと調子の縦落としゆえ、抜き（手の動き、軌跡など）が消えます。

鞘の送りとは、縦落とし以外にありえません。それが当流の掟です。

第4章 〝魔の太刀〟 廻剣

1

Q

輪の太刀から魔の太刀、とよく言われますが、実際我々が現在目にする廻剣の技法は、個人的な上手下手を抜きにしてもどこが魔といわれるゆえんなのか、まったく理解できません。古伝の技法を正しく伝える黒田先生はその点をどのように、指導されているのでしょうか。

A

極意だからこそ、基本素振りとして、初手から長年にわたって指導されるのです。

なかなかきびしいご質問ですね。

書道でも「円は直線で支えられなければならない」と言われますように、体捌きそのものによって、廻剣理論も成立させなければなりません。祖父の少年時代、防具をつけての稽古中、相手が左右面の連打をしてきたとき、祖父は左右ともに竹刀を廻剣して受け流しておいて、打ち返したと申しておりました。当時、型稽古のあと、まだ盛んに竹刀稽古をしていたわたくしは、子供時代の祖父がすでに、おとなを相手に防具をつけた不自由な状態にもかかわらず、そのような動きができたことに、ただただ驚嘆するしかありませんでした。わたくしの記憶にある晩年のあの祖父の太刀、竹刀、木刀などのかろやかなよどみのない使い振りからすれば、いかにも軽やかに竹刀を捌いたことでしょう。そして、それはくるくると太刀をまわしたと見えるような動きではなかったはずです。直線の体捌きによって支えられた真の廻剣、回刀は目に見えるような円転運動はいたしません。子供でも理解できるとおり、円に動くよりは直線に動くほうが移動距離も短く速いものです。斬るか斬られるかという状況のなかで、わざわざ遅い太刀筋をぐるりとまわして使うおろかな人間はいないはずです。そこに、一般的な常識をくつがえす何かがなければ、遅い、愚かな太刀筋が、魔に変化をするわけがありません。その何かが、極意ではありませんか。極意だからこそ、基本素振りとなって、初手から長年にわたって指導されるのです。初心者だから基本素振り、なのではありません。

わたくしどもでは、稽古のとき、絶えず消える動き方を念頭において体捌きの理論化をめざしております。とうぜん、この大事な輪の太刀捌きはその第一等に位置します。間合いに入り、受に目付をした直後、切っ先をはずして小手の防御とともに誘いをかけます。初心者は、この誘いのときに受が真っ向を斬って参りますので、その太刀を廻剣で受け流し、打ち込みます。しかし、いささかでも稽古をつみますと、受も安易に誘いにはのらず、取の挙動を静かに見守ります。ここで、取は受の虚をとるため、受に打ちこますように技をかけなければなりません。ここに輪の太刀から魔の太刀と呼ばれる術技が必要となります。と申しますとなにか秘伝めいてまいりますが、先ほど申しましたように、それこそが初手に教えられた素振りの廻剣操作が正しくできるか否かという一点のみなのです。そのもっとも大事な手首の操作ができない方がほとんどです。素振りの第一動作が型の動きの中では腕の運動に吸収され、おろそかになり、働いておりません。それゆえ、受を崩す、つまり受に思わず打ち込ませるような変化を生み出すことができません。その手、腕の動きは消えません。手は、その甲がそのように動いている

輪の太刀（廻剣）

下図（１～６）は左右の半面打ちを廻剣操作により受け流し、打ち返したもの。次頁図（１～６）は型における輪から魔と呼ばれ、しかも消える部分を正面から見た図（90 頁図１～７）で、打ち込むという一般的な両腕の動作自体が体捌きに吸収され、存在しておりません

1
2
3
4
5
6

1
2
3
4
5
6
7

と見取られてしまいます。そして、受の目には、受が打ち込んでもいないのに、ただたんに腹を打ってくださいとばかりに、両腕で太刀を振り上げ、万才をするだけにしか見えません。しかも、そのとき取の太刀の切っ先の動きはなんの変化も働きもたず、斜め下方へ落ちるだけです。それも受の目にはしっかりと捉えられております。したがって、取はせつないことにただ自分勝手に動いて、自分から相手に腹を斬られるような結果に終わります。ところが、この第一動作の変化が、本来の輪の太刀筋の働きを発揮いたしますと、さきの取の手の甲の動きは流れて目に捉えることができなくなり、それよりも切っ先の変化により、速い受は大きく吸い込まれるように崩されます。と言っても、その切っ先が見えるわけではありません。遅い受は膠着、停滞し、あるいは動けずに反応が遅れます。速い受に関してご説明いたしますと、第一動作の変化に対して、上段に構えた太刀は、実質を伴わないまま、つい打ち込ませられ、上体が空虚になり、ここに状況の逆転がおこり、取の動きに追従させられ、不利な状態におちいらされるのです。打ち込まされ、と表現いたしましたが、打つ、というよりも反射的に両腕を下げ、防御の体勢を取ろうとするのです。そのため、振り下ろさせられた太刀自体に攻撃の強さはなく、無効化されております。輪の太刀の変化ひとつにどれほど大きな攻撃と防御一体の効果が潜むかは、その核心を得た者にしか実感することは不可能なのです。

しかも、それですら、以前にも申しましたように、架空の世界の出来事なのです。実戦において、その体捌きが型のごとくと評されるのは、型のごとくであって、型そのものではありません。型そのものの動きの場合もあるかもしれませんし、そうでないかもしれません。しかし、型をつきぬけた型であって、それこそが型そのもの、すなわち理論化された心体運動そのものなのです。

2

Q

廻剣素振りなのですが、正面を向いたまま振るときは両肘完全伸展が原則というのはわかりました。先生のビデオなどを拝見しますと、前後振りのときは肱を曲げてもかまわないのでしょうか。

A いけません。それは悪しゅうございます。

とくに初心のうちは絶対に曲げないと観念する事が大事です。と、申しますのも当初から上位の段階の滑らかな柔らかい関節の動きを真似してしまいますと、動くべきところがいつまでも動かずに終わってしまいます。まずは、たいへん窮屈な苦しい上体を確保し続けなければなりません。そこではじめて両胸の働きなどという身体技能が芽生えてくることになるのです。

一般的に、胸の働きだとか胸を使う、胸を下ろすなどといわれても、理解不能の運動にはちがいありません。しかも胸が速い、などという次元の速さは、一般の運動種目のように単純に測定器では測れません。

胸を開くと申しますが、両腕を開閉（外転、内転）すれば誰でも出来るというものではございません。それはただ胸がつまったままで、しかも腕が動きの気配をともなったまま動いている単純な運動にすぎません。それは剣の世界の働きのある運動とはなりえません。そのような判断ができるのも、またそういう運動法についてきちんと学んでいるからにほかなりません。

この前後振りの素振りについて祖父泰治は、出来れば目録と申しておりました。わたくしもそれを聞いてさっそく挑戦してみました。どうも、太刀が遅れます。体が振り向いたときやや遅れて太刀の切っ先が止まります。そこで振りを早くして振っておりましたところ、祖父が「駄目なものをいくら早くしても駄目だ」と申しました。その言葉を聞いて愕然としたことを思い出します。小さい頃から素振りの見本にされていたわたくしの素振りは、駄目な素振りだったのです。大人になってからのわたくしの素振りの転換点でした。なお、駄目な素振りと申しましても、それは前後に振り向くという、武術的な意味での体捌きが正しくともなっていなかったということです。太刀の前後への振込みにさいして、どのように体を捌けば駄目でない、目録の素振りとなるのでしょうか。

太刀は正面をあけずに前後を斬り払わなければなりませんから、この点からしても肘を曲げて、しゃくり上げるような振りようは使えません。この両肘完全伸展法とも呼べるひとつの方便は、意識的には動かぬ身体を外から働かせるための良薬、秘薬です。この素振りに際し、はじめ受をつけます。切っ先を受が左手でかぶせるように軽く把持します。当初、多くの方は誰もが動けるようにしか動きませんから、切っ先の動きが受の手にあたり、まったく動けません。動きを止められるということは侍の動きではないということになります。理論的に正しく動けていないということです。一般的にはこの苦しさに負けて肘を曲げ、力で強引に振ることも可能ではありますが、それはただの暴力でしかありません。受は指で軽く太刀先をはさんで、その動きが正しいかどうかを見てくれているだけですから、その繊細さ

廻剣前後振り

どのような体捌き、かたちにおいても順体、等速度、力の絶対否定、最大最小運動（腰の捻りを廃止した直線運動）等の全身性の協調運動により、はじめて受の手にあたらずに軽く太刀の引き上げが可能となります。太刀のひと振りの難しさを痛感できる稽古です。

補助はついておりますが、腰の回りなどにより太刀に引っ掛かりが起こり、受の手が離れず、強引な振りとなっております。

を無視して動けばいかようにも動けます。しかし、それでは自分自身の動きの理論化は出来ません。繊細には繊細を以って立ち会わねばなりません。

次に補助をしてみます。いまだ動かぬ左胸を開く方向へ誘導してやりますと、受の手に当たらずに太刀を返すことが出来ます。が、このとき胸の開きだけで太刀も同時に振り上げられないと、太刀がそこに居付き、やはり両肘伸展のしゃくり上げとなり、動けません。太刀も遅れないように同時に、胸の開きに合わせて振り上げられなければなりません。このひと調子の速さは、ゆっくりとおこなってもその切っ先の変化の速さに現れます。かろうじて補助にしたがって、両腕の振り上げも行なわれると受の押さえにあたらずに上げることができますが、まだ胸の働きが充分でないために、上体が後ろへ反る形になります。太刀を正中線上に保つためにのけぞってしまいます。それだけ胸がつかえ、まだまだ両腕の働きを邪魔しております。

このようにして、次第に動かぬ胸が柔らかく充分に働いて、初めて身体は構えを崩さずに堅固な体勢を保ったまま、ただ両腕を前後に、あたかも両手両肘を柔らかくつかって振っているかのように見えるのです。胸に注視していると、その働きの有無、充分不充分が明確に観え、お互いの体の働きというものを正しく判断しうることになります。こうして、自分の動きのよしあしの判断を過たずに、そしてご自分の稽古をゆうゆうと楽しむことが出来るようになるのです。

胸が落ちた、と聞いて、あわててどこに落ちたか探すようではいけません。いまご自分がどこにいるかを先ず以って探さなければならないでしょう。

3

Q

駒川改心流の素振りで居合腰の時、前の右足の踵を少し浮かして長時間行っていると、ふくらはぎがつらくなります。我慢して続けるのか、それともつらくない姿勢を探すべきなのでしょうか?

A

正しい腰構えですから当然、初心の方にはその体構えを保持するだけでも容易ではありません。

祖父泰治は、新入門者には直に素振りを手渡しておりました。どなたか弟子の先輩が教えれば、指導した方それぞれの癖が必ずその初心の方に移ってしまいます。輪の太刀から魔の太刀とも恐れられた術技の基礎をきちんと手渡せるのは、その術を正しく伝承された者でなければなりません。その動きには術以外のものは存在しない者にしか指導の資格はございません。

いくら善意無過失であっても、こと術技の伝授ということになれば、指導を受ける身になれば種々の個性や癖、ひいては悪癖を見せてもらっても百害あって一利なしです。しかも、それらの個性、我流は人の目にはよく映るものです。それゆえ覚えやすく、癖移りも甚だしいのです。このもっとも大事な初めにこそ、各人各様の個性、手癖悪癖を忌避するために、祖父自身が逐一指導にあたったのです。

そして、素振りの手順を指導したうえで、もっとも正しい腰構えで素振りを行うことを強調しておりました。正しい腰構えですから当然、初心の方にはその体構えを保持するだけでも容易ではありません。そのため三回でも五回でもいい、回数ではなく低い腰で正しく太刀を振り、休み休み行えばよい、そのうち自然に百回、五百回と振れるようになる、と申しておりました。けっして、身体を酷使して楽しく充実した稽古など望めません。

往年の祖父自身はもちろん、祖父の修業時代の当時の門人の方々が初心時にどれほどの素振りを行ったかは存じませんが、わたくしも千回、二千回と振り込んだ時がありました。とはいえ、当初は五十回ごと、そして百回ごとに小休止を挟みながらの素振りです。小休止を挟んでいるせいか、最後まで膝上の筋肉（大腿四頭筋）がやや張る程度で下腿部の筋肉の疲労はそれ以下でしたので、まったく苦痛はございませんでした。それよりも二千回まであと僅かという時点で、腰構えに変化を感じることが出来たのがうれしかった覚えがございます。

この基本素振りでありながら、極意でもある輪の太刀筋を求めることが剣術の骨子であります。型でいかように種々の変化を学んでも、そこでの運剣が理に適っていなければただの形骸でしかありません。たしかに半身から半身に変化をする体捌き自体にも身体を半回転させせないという難事が含まれますが、それと相俟《あいま》っての運剣による斬撃でございます。

素人が太刀を廻旋してみても、そこにはただの時間の無駄が存在するのみです。常識的に見ても、剣道のような直線の打突のほうがはるかに速いのです。直線の打突が速いことは誰にでも理解できます。しかし、往時の侍たちから魔の太刀と称されるからには、ただ太刀を回転、廻旋するだけではなく、何か術の存在が予測されます。それがこの運剣理論に伝えられていることは明白です。

それほどですから、なかなかに修得が困難です。日本人、欧米人にかかわらず、この忙しい現代においては二十年を越えて稽古を続けている方々でさえ、当初あれほど丁寧に稽古を重ねてきたのに、いつの間にか我流の自分なりに動きやすい動き方が混じってしまっております……。それが十年未満の方々ともなれば、型もそれなりに進んでおりますので、素振りの稽古がおろそかになりがちです。見れば、右手が主体となり、左手は柄に添えられているため、その右手の振りに追従してついてきているだけという状態を多々見受けることが出来ます。

祖父泰治は、両腕完全伸展で左手（左腕）が主体となり、太刀を操作し振り下ろすのであって、右手はその太刀の重さを量るがごとく軽く添えるのみである、と注意をしておりました。多くの方々は右利きです。どうしても右が勝ってしまいます。斬り手の形を保持し、手首をこねないということも非常に難しいことです。すなわちその難しさこそが順体法という理論に直結しております。動かさないからこその消える動きとなり、素振りの両手の操作を見て取ることを不可能にしております。

最近、海外での稽古で、新入生がいたこともあり、この祖父の指導の際の言葉を引用した上で、右手でいくら太刀を振り回してみたところで術などどこにもなく、大事な人生の時間の無駄遣いであるから、左手主体、左腕一本で太刀を振れと檄を飛ばしました。さらに肘を絶対に曲げることなかれ、と追加いたしました。

このような注意は道場において日常茶飯事でございます。注意をされ、そのように思っても脳神経と筋肉の連関性はいきなり変わりはいたしません。いかに人の身体は意のままになど動かぬものかという一例でございます。

廻剣理論による太刀の働き

腕の操作が右側よりも複雑な左の輪の太刀の操法です。

力を使わず手の内の整った切っ先の働きにより直接受の腰を崩しております。

力んだ時にその力が太刀に働いている個所を確認したものです。力んだ力はすべて物打ちから手前の部分にとどまり、切っ先の働きは死んでおります。

第5章

消える動き

1

Q

大学時代から空手をやっています。現在30半ばを過ぎ、如実にスピードが落ちてきたことを感じます。先生は「型の繰り返し」で現在のスピードを養われたとありますが、空手の型と剣の型は違う性質のものなのでしょうか?

A ほんらいの高度な身体運動としての理想形を求めれば同じものと言えるでしょう。

ほんらい、空手にかぎらず、武術というものは大変危険な闘争の術であると思います。つまり、競技としてはまったくなじまないものです。それを一般の人々がたのしく健康的に競技としてまた武道的なものとして練習できるように、スポーツ化されたという歴史があることは皆さんご存知のことだと思います。普及活動の困難性という問題が武術にはあります。ひとを選びますから、広くどなたにでも術を伝授し、しかも高い位にまで導くなどということは、集団を相手に指導するという形態からはとても無理です。そこで本来のものとは似て非なるものとして、スポーツ化されたものを普及させることになります。

そこで、空手の型と剣の型は違う性質のものなのかというご質問ですが、以上のような歴史的いきさつをふまえ、今日のものと比較すれば、まったく違うものとも言えます。が、本来のものに目をむけ、その動きのひとつひとつに要求されるべきひとの高度な身体運動としての理想型をもとめれば、同じとも言えるでしょう。それは同様にいずれの現代武道にも言えることです。

古い空手を学んだかたがたの型を、現在、いきなり見せてもらっても同じ型であるにもかかわらず、まったく違うものと感ずるくらい動きの質も形も変わってしまっているようです。以前、『秘伝』誌でも述べたことがある空手のかたがたのお話は、わたくし自身聞いていて納得のできるもので、型を学ぶということの楽しさが伝わってまいりました。というより、型でなければ次元の異なる技は身につけられないと痛感いたしました。

と、同時に師伝直伝ということの大事さと型をほんとうに勉強するということの至難なことがひしひしと感じられました。

2

Q

消える動きということについてお伺いしたいと思います。ビデオ等を拝見すると、普通の動きとは違うことはわかるのですが、どうも先生のおっしゃる「消える動き」というものがよくわかりません。消えているとおっしゃっている部分がちゃんと消えているように見えなければ、稽古ができないものでしょうか。

A

できません。武術は門外漢の方に理解不能なものです。

できません。ただ、これはわたくしの経験からみた私個人の意見です。見えなくとも稽古はできるかもしれませんが、果たしてそれで、今我々が稽古をしている世界と同次元のことが稽古できているかどうかはなんとも申し上げられません。少なくとも、共通の認識がない以上、わたくしの説明をご理解いただいたり、お話をご一緒にしたりすることはできないものと思われます。わたくしどもは、消える動き、すなわち無音、無気配、無挙動などを得んがために稽古を続けております。振武舘の理論すなわち型は、すべて動きや気配を消すためにあります。そこにいて、いないという身体のあり方も消える動き同様に、一般のかたがたには理解しがたい世界のものだと思います。わたくし自身も当初は信じがたかったのですが、弟子たちの目には、私の首から下が消えているとか、体が浮いているなどという表現しかできない身体のありようとして映っていたのです。

武術というものは、門の外のかたがたにとってはまったく理解不能でもよいのではないでしょうか。そこにあるものはその方にとっては現実にあるし、いるのですから。平和な日本（と言ってもだいぶ最近は危うくなって参りましたが）で種々の情報がたやすく手にはいるようになりました。振武舘の武術の情報もそのうちの一つでしょう。弟子がそうでは困りますが、一般の方々にはわからなければわからないで、そのままでいていただきたいと思っております。わからないものを、わかっていただこうなどという気持ちはこちらには毛頭ございません。

祖父存命の頃、わたくしは不明にして祖父の身体がどのようなものか、まったく理解することができませんでした。まして、その動きの本質がどのようなものであるのかなど知る由もありません。同じ人間の体だと思っておりました。ただ、ふと祖父が動いた時の力感のまったくない美しさ、やわらかさ、端正さが第一の印象でした。それは、たしかに普通の人ではめったに見ることのない異質の美しさでした。晩年、居合を抜いた祖父が、「どうだ見えなかっただろう」と言うのですが、わたくしは、それを老人の遅い動きとしか観て取れませんでした。ぎゃくに他の弟子の手前、気恥ずかしい思いをしたものです。みんな自分と同じ目でその動きを見ていると思っていたからです。たしかに当時の弟子たちは、わたくしと同様の普通の人間の目しか持っていなかったようです。あとから祖父のそのときの動きについての評価など、いまとは大きく異なり、ついぞ聞くことはありませんでした。祖父もさぞ張り合いもなく、寂しかったことでしょう。稽古をおしえた孫とすら同次元での話ができなかったのです。

次第に、わたくしも多少なりとも祖父の世界に足を踏み入れることができるようになった頃、二十代半ばくらいからでしょうか。父が、わたくしの型や稽古についての説明が理解できなくなったと言うようになりましたが、そのぶん祖父は目を潤ませてよろこんで聞いていてくれました。本当の武術の世界とはそういうものだったのです。科学的、常識的な学問だけで捉えようとすると、まったく講談や映画、小説のお話の世界の絵空事と思わざるを得ないようなことがらに満ちていたのです。「人間の動きが消えて見えるわけがないじゃないか」と言いますが、手品など手の技を目の当たりにしながら、まったく見えていないではないですか。掏摸の現行犯の現場も、老練の刑事の目には明らかでも、若手刑事の目には、何事も映りません。目の前で財布を抜き取られても見えない動きで掏るからこその職人芸なのです。当然、掏られた本人は察知しておりません。たとえて言えば、かような動きを我々は消える動きと称しているにすぎません。けっして物理的に速いだけの動きをさしません。このように、消える動きなどというものは日常の世界にも多く見ることができます。剣を学ぶ者ともなれば、命が懸かっているだけなおさらその緻密度を高めなければならないだけのことです。

消える動きを生み出す理論が型なのです。その型を理解することができなければ、消える動きは獲得できません。振武舘において型を理解するということは、力を絶対否定された世界には消える動きがあるということ、あるいは型そのものがその世界では消えた存在であるということを理解することです。下手な型、形骸化した型、我流の型などは、よく見えるものです。しかし、下手な型は、いずれ消えていくでしょう。下手な動きは年齢に関係なく、いずれ上手な（消える）動きに変化する可能性があります。下手か駄目かは型に問いかけるしかございません。

ところで……、もしすなおに型に従うお気持ちがおありならば、それ以前に、茶碗の持ち方、箸の持ち方おき方など、日常の礼儀作法を、徹底的に見直しをされるほうが、もっとも武術に近づくための捷径だとお薦め申し上げます。

消える動き～輪の太刀

順体法、最大最小理論、無足の法、浮身、半身から半身へ体をまわさずに変化できるか否か、すなわち胴体の各部が分離した形で直線運動をおこなえるかどうか、力を使わずに体捌きに順じて手足が完全に同調できているか、など全一体的な動きを要求されるものが「型」です。

5
3
1
4
2

3

Q

消える動きをおこなうためには、直線に動けと先生はおっしゃいます。そのためには、体を捻らない、廻さないことが大事だと教えておられますが、実際には、よく見てもどうもよくわかりません。直線に動くには、どのようにしたら良いのでしょうか？

A 見える見えないは個人差なのですが……

以前も似たようなご質問を受けましたが、今回は別の角度からご説明をしたいと思います。たしかに、見える見えないということに関しては、何が見えて、何が見えないのかという個人差のある問題があります。これも何度となくお話しをさせていただきましたが、わたくし自身若い頃は、祖父の身体のありようや動きの何たるかがまったく見えていませんでしたから、自身に照らしてみても、おっしゃることはよくわかります。

下段の構から、逆胴を打つ稽古があります。もちろん、消える打ちでなければなりません。たしかに、横で見ていれば、すっと動いたことはわかりますし、何となく見えているような気もするかもしれません。その動きを、後ろから見てもらいますと、腰が前へ伸びるだけで回転運動をしておりません。このことから尻が廻っていないということだけは理解していただけると思います。この下段から胴の高さまで太刀を振り上げ、斬り込みますが、このとき最大最小理論も働いていなければなりません。さらに、点の間で動く合韻の調子という全身体の統一的協調的な極意的運動法が必要です。そのため、太刀の切っ先で床をトンと叩き、その音と同時に斬り終わるという間をお見せすることがあります。しかも、下段からとはいえ、下から斜め上方に太刀が走るのではいけません。これは、逆胴の斬りですから相手の左胴に真横に入らなければだめです。

しかし、いくらお見せしても、その動きが眼に捉えられないのですから、太刀や身体がどのように動いたのかを認知することができません。このことから太刀を手で操作していてはだめだということを理解しなければなりません。

わたくしたちは、こんな遊び稽古をしておりますが、この逆胴につなげる稽古として、まず、受が面上に両手で水平に構える木刀の面の位置から小手、つまり相手のへその高さまで太刀を打ちおろし、その打ち終わる終着点が始点となり、順の右胴の払いを連続しておこないます。ただこれは、純然たる胴打ちのための右胴の打ちではありません。これを直角斬りなどといっております。打ち下ろした太刀を同時に右へ返し、太刀筋が直角となり、しかもそれが消える動き、消える太刀筋となるような体捌き、手の内の変化を学ぶためのものです。また同様に、打ち下ろしの小手も点の間でなければなりません。そしてこのとき重要なことは、右肘を絶対に曲げてはならないということです。この打ちは、受に手ぬぐいを腰の高さに水平に持ってもらい、それをごく軽く打ったとき、その打突力が受の両腕止まりではなく、身体（中心・腰）に到達しなければなりません。わたくしは木刀と同じ長さの竹刀をよく使います。切っ先（先革）の白さは、蛍光灯下では多少ごまかしのきくものの、日中光のような自然光の下ではど

直角斬りと逆胴

「肘の屈曲運動や腕の振りまわし運動とは異なる速さを生み出すために、昔からただ体捌きと単純に呼ばれる、複雑精妙な身体そのものの働きが必要となります。そして、その運動を根源として、初めて消える動きの世界が現れます。

普通に振れば垂直に下げられた木刀に当たるはずが、まるですり抜けたかのように映る〝消える太刀筋〟です。

消える打ちを後ろから見ると、腰が回転運動をしていないことがわかります。

れほど早く振り回しても白い線状となって眼に映り、どうしても一般的な速い早さとして眼に捉えられます。しかし、正しく操作した場合、受の眼には横で見ていたときと異なり、視界から消えます。これら直角斬りから下段に変化をし、逆胴へとつなぐ一連の動作それぞれを、我の力でおこなわずに、丁寧に稽古をいたします。また、この直角斬りから左胴へと左右胴の斬り返し、あるいは上下連動（小手打ちから顎などへの跳ね斬り）もおこないますが、いずれも消える動き、点の間（ひと調子）をめざします。

この下段から逆胴へ斬り込む際、太刀、体を廻さず直線に動けているかどうかを検証するために補助をつけます。いえ、じっさいは補助ではなく「邪魔」です。太刀、体を直線に動かすための桎梏（足かせ・手かせ）です。少しでも振り回すような運動がおこれば、自分の太刀は、補助として体側直近に立てられた木刀に当たります。一般的に多くの方は、野球などの打撃のように、動きのはじめから腰や尻が廻りはじめます。そのため、木刀に当てぬように肘を曲げ、太刀を引き寄せてから前方へ振り出します。それでは消えるどころか、まる見えの遅い太刀筋となりますし、胴へ打ち込む太刀筋からはずれます。さきほどご説明したように、合韻の調子という大事があります。これは、動き始めの頭のところで、すでに切っ先は前方へ抜け出ているかのように見える一瞬の太刀筋です。そこで、わたくしは、腰を廻して振る予備動作をわざと行い、脇で邪魔をしている木刀にあたる道筋を充分に見せておいて、実は廻さずに瞬時に胴へ打ち込みます。すると、あたかもその立っている木刀をこちらの木刀がすり抜けて胴へ到達したかのように見えます。いっけん、まるで手品のようですが、そのような見えない太刀筋を称して消える動きと申します。

4

Q 遅速不二と先生はよく言われますが、ご自身速さを自覚されるようになったのはいつごろからですか。またその速さをどのようにしてご門弟やご子息に伝えようとなさっておられますか。

A ごく最近、ようやく今日、ほんとうの自身の速さを自覚できました。

祖父から、祖父の兄の正義も、正しくゆっくり抜けるからこそ速くも抜けるものだ、と言っていたと若い頃の居合の稽古時に聞いたとき、武術の真の速さというものに初めて意識が向けられたような気がいたします。当時は、なるほどそうかと思い、重い言葉のような気がして、ただ文字通りに受け取っておりました。正しく抜けるからこそ速くも抜けるのだ、だから人前で軽業のごとく早抜きを「見せる」必要などまったくない、観る目を持つ人（侍）であれば、正しくその評価をしてもらえるものだ、ということでしょう。武術などというものは、見世物芸ではありませんから、型の演武というようなことであれば、真の型をきちんと、すなわちゆっくりと正しく、それこそ、たとえば地唄舞の竹原はん師のように、ごくごくゆっくりと動けばよいのです。とは言え、稽古が進めばすすむほど、ぎゃくにそのような抜きかたこそがもっとも難しいものなのだということが大きな壁として眼前に立ちはだかります。それを乗り越えた者にしか、ゆっくり抜ければ速くも抜けるという言葉は存在しません。

　正義師はさきの言葉を口にするような人でしたから、居合をけっして早抜きはしなかったそうですが、祖父は個性的な人でした。祖父がいわゆる早抜きを演武したのは京都の武徳殿での時、片側半分をお琴の演奏が占め、こちら側は居合の演武という形のとき、来賓の宮様はお琴の演奏のほうに顔を向けられていたそうです。いま思えば、宮様ですから幼少の頃からの薫育でけっしてお顔を左右にきょろきょろさせるはずはございません。祖父の心にそのような宮様の心が映ったためそのように感じたのかもしれません。そこで、祖父としては自身の演武に横を向かれていたのでは「面白くない」と思い、柄に手が触れたときは太刀が抜けていなければならぬ、という気概が頭をもたげ、電光一閃の抜きと後太刀の気合を発しました。その瞬間、宮様のお顔が祖父に釘付けとなり、演武を終わり、礼式をした際には、宮様もつられて頭を下げられたとのこと。祖父はこの一例を、宮様が頭を下げられたのは自分だけだと孫のわたくしに自慢しておりました。こういう子供のような天真爛漫なところのある祖父の居合を、わたくしは真似をしたわけではございませんが、師匠譲りということでしょうか。いつとはなしに早抜きのまま、いや道場稽古のままを演武するようになっておりました。

　しかしながら、居合、剣術あるいは柔術等に関して、長いこと自分の速さを自覚したことなどございませんでした。人から速い、いまの動きは消えていた、見えない、などと言われ続けてまいりましたが、そのような感覚は自分にはまったくございませんでした。だから、そう言ったご本人や弟子たちにどこが消えたのか、何が見えなかったのかを聞きながら稽古を続けてまいりました。その消える動きを、意識して何度でも再現できなければ技とは申せません。たまたま消えた、見えなかったでは、もう一度そのような状況（勝負）のとき、再現することは不可能です。そんな不可能、確率的なことに命をかけることはできません。またそんなたままたまできるかもしらんというようなことを弟子たちに残すことはできません。

速いとか消えて見えるとか見えないとか、ずいぶん長いこと言われ続けて来たような気がいたしますが、自分で自分の速さに気がついた、などということは、ごく最近のような気がしております。稽古日誌には断片的に型のなにがしかが速くなったとか書いたような気もいたしますが、道場での実際の感覚としては、自分の動きが速くなった、速くなれたと思うようなことはございませんでした。いま、申し上げたとおり、四十歳をすぎ、いやこの四十一歳のときからわたくしは初めての海外合宿というものを経験し、成人してから、自身のひとり稽古以外では、初めて数日間を稽古三昧で過ごす経験をさせていただいたものです。そんな稽古三昧の人生後半のおかげで、ようやく今日、ほんとうの自身の速さを自覚することができました。繰り返し申し上げてきたとおり、運動神経凡庸な人間がどうしてこのような評価をしていただけるようになったのか、まるで夢見心地です。運動に関する素質などからすれば、わたくしという人間と現在の評価はまったく結びつかないというのがわたくしの感慨であります。ただただ家伝の型という伝統日本武術のありがたさに手を合わせるのみです。

そんな術技体系そのものである型という伝統文化遺産を正しく伝えることこそが、わたくしに課せられた使命であると観念しております。

何をもって正しいとするか、という一点のみに固執しております。

飛燕

図1から2図の間がとんでおりますが、このように目に映ったのなら幸甚です。
横に抜き払い、後方を突き刺す型ですが、横ではなく、縦の前後運動に転化しなければなりません。それは表の行之太刀ですでに学んだことです。それがさらに後ろへうしろへと斬撃しながら、体は前方へ躱してゆきます。見えざる抽象的なるひとつの線上を。

9

10

11

12

13

14

15

第6章

腰を落とせ！

1

Q

黒田先生は腰を低くすることが大事だとおっしゃいますが、腰を落とすとどうしても速く動くことができません。なにが原因なのでしょうか。また、先生は何色の帯をされているのでしょうか？　たしか、二十歳で古武道の範士八段をとられていたはずですが……。

A

速く動こうとするからです。

実際に拝見させていただいておりませんので、断定することはできませんが、おそらく速く動こうとすること自体が原因なのではないでしょうか。

普通の腰の高さで各種の運動を行うときに、速く動こうとすれば、充分に速く動ける方が、腰を低く落とせばその動きづらさにとうぜん難渋するものです。当たり前と言えば、当たり前のことですが、そんな当たり前のことが前提にありながら、古人は命のやりとりの場でそのような低い腰構えをとることを選んだのです。鎧、甲冑を着けて、両膝を伸ばして突っ立っているのならまだしも、腰を落とせばさらにその重みが体重に加わり、動きに難渋するのは現代人の我々が想像するまでもなく、当たり前のことです。

速く動けるようになるために腰を落とすという便法を選んだのであって、たとえ甲冑を着けていても、動くときは、その腰の低さによって得た術技によって人より速く動くことができたのです。九尺の槍を四畳半の部屋で振れなければだめだなどという古伝の謂いにはその文字面だけからすれば、現代人のわれわれにはどれもみな不可能なことばかりを並べ立てているように思えます。しかし、長い物を短く、短い物を長く操作するということは、はるか遠い昔から剣の術技として伝えられているものです。現代の体育的な武道のように身体の大きな人間が大きく運動をするほうが見栄えが良いなどという観点はありません。いや、相手に見えては困るのです。もし、観客がいるとすれば、その観客にもまったくどのように動いたか、どのように太刀やその他の武器を操作したかがまったくわからないように動きたいのです。すべてを消したまま、動いたとさえ見せずに動きを完了してしまいたいのです。

そんな動きを獲得するためにこそ、低い腰構えを第一等の大事としたのです。ただいま申しましたような、いっけん素人の方々には不可思議と思えるような身体の運動を獲得するためにこそ、とくに初心のうちは低い腰構えで稽古を錬ることが大事とされたのです。

しかしながら、どのようなお稽古をされているかは存じませんが、ただ腰を落として現代の運動のようなことをしてみてもせいぜい足腰の筋力がつくくらいのことしかないのではないかと危惧されます。運動の仕方によっては膝や腰を痛める可能性もあるでしょう。もしそうであるなら、当然のことながら、消える動きなど生まれる由もありません。

腰を低く落として速くなれる理由は、正しい古流の型を正しく学ぶということにあります。それ以外にはございません。たとえば、剣術の型を実戦の模擬、雛形と認識してしまえば、ご自分の身体能力がその基礎になってしまい、一般の運動と同じ次元のものとなってしまいます。そこでは、いくら速く動けたとしても、けっして消える動きにはなりません。

型を理論であると看做すことにより、すべてのご自分の動き方を否定する必要性が生まれてまいります。それ以外には脚力走力とは無関係に、腰を落として速くなることはございません。いずれにせよ、とにかく今までのご自分の日常的な動き方すべてを否定して、はじめて剣の世界、武術の世界を知る第一歩がはじまるのです。毎回毎度申し上げております腕の上下、歩行、立ち居振る舞いのすべてにおいて、筋肉の連関性、運動法を変えなければならないのです。まさに腰を落として型を稽古する、という一点に集中して何を学ぶのかが明確に理解されてこそ、速い体捌きが得られるのです。

以前は、野袴を常用しておりましたから、普通の袴ほど裾捌きは悪くはございませんでしたが、普段は、車で稽古場まで出かけますので、野袴より空手などで使われるズボンの稽古着のほうがさらに裾捌きがよいということもありまして、最近はまたズボンを着用することが多くなりました。そのため上は帯が見える形になりますので、それが目に付かれたのだと思います。白っぽい帯、ではなく白帯であります。普段の稽古でズボンを着用したときなどは、色の褪せた白の古帯をもっぱら使っております。どこかに古い黒帯もあったような気もいたしますが、古くなり損傷したために廃棄したかもしれません……。

いずれにいたしましても、わたくしどもは古流儀を伝える家で、振武舘そのものに段位というものはございません。したがいまして、白帯でもまったく気になりませんし、気にも留めておりません。いつでしたか剣道愛好家の方が段位はなくとも稽古はできるとおっしゃって高段の先生方と互角に稽古をされているという話を読んだことがございます。段位のある世界ですらそうですから、我々にはまったく色帯など無縁のものです。ただ、ご入門時に気を使ってくださる各武道の有段者の方々は、わざわざ真っ白な真新しい帯を着けてこられることもありますので、その旨をご説明して、本来お持ちの黒帯を着けていただいております。それがほんらいの「その方」ですから。

身の規矩の大事

構を崩さずに体を入れ替えたり、足を捌いたりするのは無足の法そのものです。重心の移動を抑えなければならない、と言われてもそのように動くための稽古が必要です。

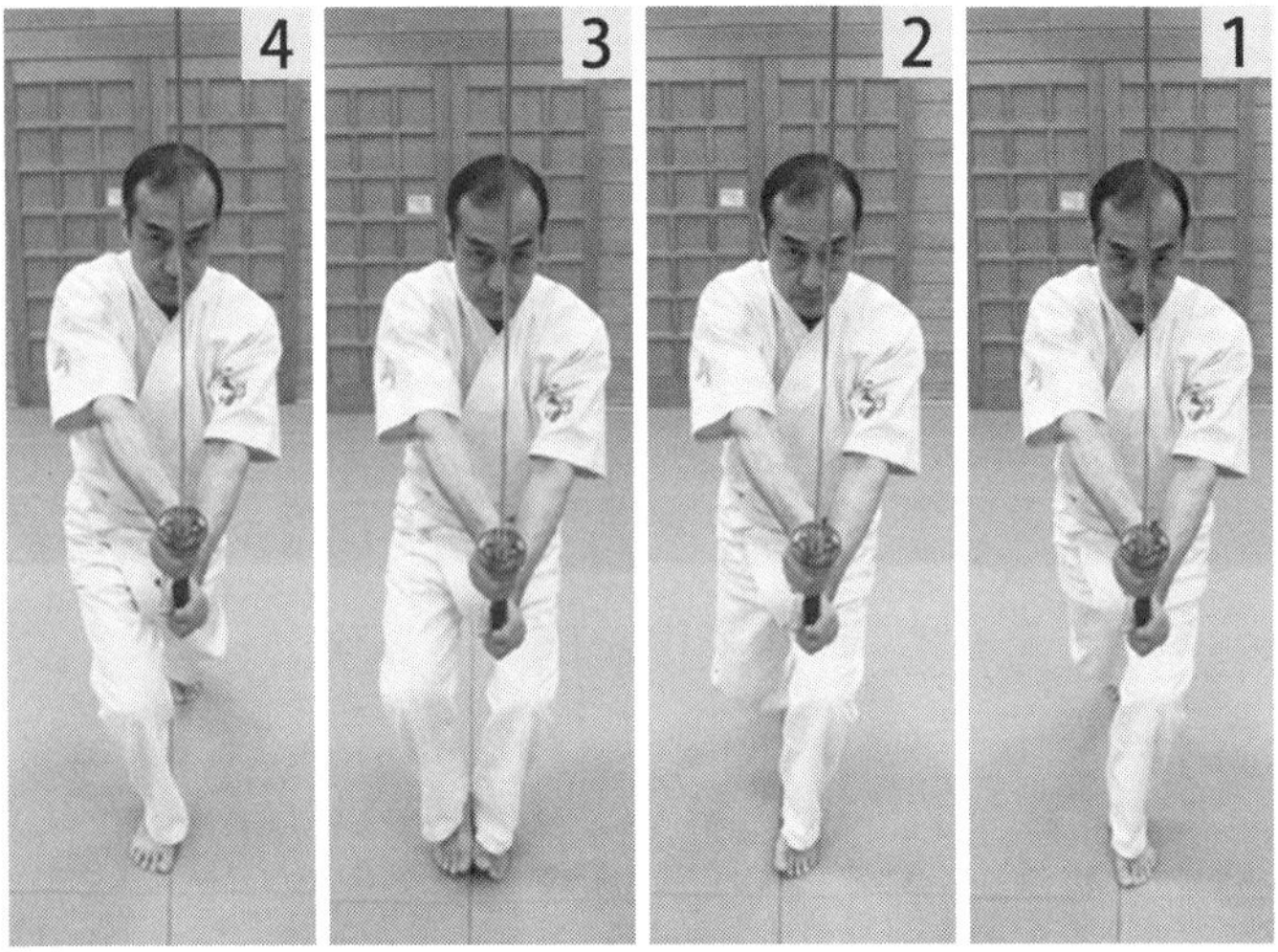

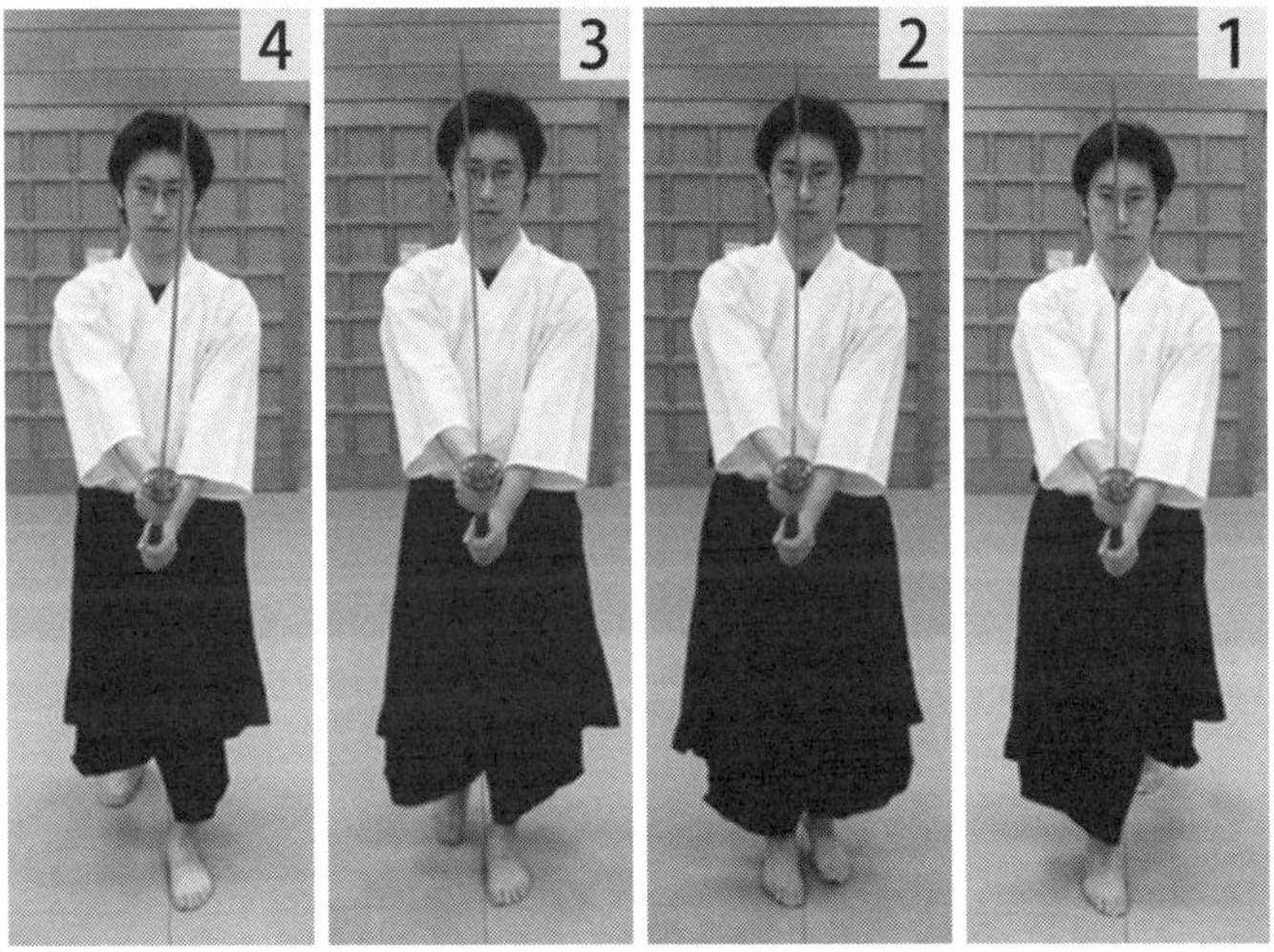

1
2
3
4
5

1
2
3
4
5

「白帯」を使っての遊び稽古で、相手の腰を操って、その場で回転させております。

2

Q

黒田先生はときおりご説明の中に、泰治先生の「腰を落とすのが難しい」というお言葉を引き合いに出されますが、もう少し具体的にお教えいただけませんでしょうか。

A

力が、腕に当たるかあたらないか、その力が腕をとおして足にぶつかるか否かを検証します。

一般的に腰を落としなさいと言われれば、どなたでも膝を曲げて腰を低くすることは容易にできます。しかしながら、難しい腰の落とし方などというものがあるのかないのかいまだ不明の方々には、いったい何を言っているのか理解できないことも確かでしょう。じつは、なかなか弟子の腰を崩すことに難渋していた当時のわたくしも祖父のそんな文を眼にして、あらためてその難しさを実感したものです。同時に、あの祖父でさえその修行中に「なかなか難しい」と実感するほどの難事であることを再認識した次第です。

どのように難しいかということを弟子たちと稽古をしますが、ただ型を低い腰で錬るというかたちだけでは、現代ではその本旨を見失いがちとなります。そこで腰を落とすというまさにそのことだけを術技的な観点から検証してみます。

両腕（両脇）を左右からかかえられた状態で、静かに腰を沈めます。しかし、かかえられておりますから、その相手の腕に引き止められ、腰を下ろすことができません。あるいは後ろから腰部を抱きかかえられた状態で、静かに腰を沈めます。いずれの場合も受は取の動き、力が、腕に当たるかあたらないか、その力が腕をとおして足にぶつかるか否かを検証します。したがいまして、両腕を両脇から抑えた形では、抑えている受の腕にぶらさがってくるような加速度的な動き方の力を受は感じ、それが足に伝わりますので、自然な抵抗が発生し、容易に崩されません。後ろから腰部を抱きかかえられた場合も同様に、取が沈もうとする力が受の下肢に伝わりますので、受はたやすくふんばることができ、取は腰を落とすことができません。

このようなことを通じて、腰を落とすということを簡単に阻められてしまいますと、どのように足首、膝、腰（股関節）を動かせば、受の抵抗にぶつからずに腰を落とすことができるのかという問題を認識することができます。

では、どうしたら受にぶつからずに、その腰をいきなり崩すことができるのかといえば、理論的な動きをするということにつきます。無足の法をはたらかせ、蹴りを吸収し、ひと調子の動きをし、直線運動を保ちつつ等速度で動く、などということです。およそ人がなにか運動をおこなう場合、けっしてはじめからひとつに動くことなどできません。稽古や、いまのようなあそび稽古で単純なかたちの動きを検証してみれば、いかに思ったようになど人の体は動いてくれないかということが痛感されるものです。太刀を受け流し、払い落とすような動きなどをみても、そこでは肩と肘の運動が同時におこなわれればきれいに相手の太刀を払い落とすことができるのですが、多くの方々は肘関節と肩関節の動きを始めから終わりまでぴったりと合わせて同時におこなうことができません。

言葉では、肩と肘、ふたつの運動を同時におこなえばよい、とは言いますが、複合的な筋肉群の働き、上体の働きなどをみれば、たいへん複雑な、しかも精妙な動きを要求されていることが次第に理解されてまいります。いままで何不自由なく動けていると思っていた自分自身の身体がこれほどままならないものであるかと知ることができるのも、異次元といってもよいほどのさむらいの術の世界を知って、はじめて理解されるものです。

結局、腰を落とすのも難しければ、腕の上下振りばかりか、上下左右、斜め上下左右といった太刀の操法は基本がそのまま極意につながる、見えざる難度を秘めております。型におけるすべての動きを極意のはたらきとするには、型におけるそれら一つひとつの動きが何を我々に要求しているのかを深く理解しなければなりません。

そのような観点から、もういちど腰を沈めるという難事を見てみます。腰を沈める、すなわち体を沈める動作というものは､相手から身体を消すことにつながります。ただいきおいよく膝を曲げてみても、相手の眼はついてまいります。腰を落とすという身体動作が技となり、相手を崩せるだけの術技を発揮して、はじめて腰を正しく落とせるようになったと評価されるものです。両腕を抱えられたまま、床を蹴らずに等速度でひと調子に体を沈めることができれば、両脇の受は腰ごと崩されるために足で踏ん張ることができません。腰部を抱えられた場合でも同じです。受は取の腰を抱えたまま下へ沈みます。蹴らずに、とさきに述べましたが、どなたも蹴っているなどという自覚はないほど力みを抜いて動こうと努力をしておりますが、蹴りは、そう簡単には消えません。しかも、垂直の沈みなどそうたやすくは実

腰の沈め方

右列図（写真1〜3）は普通の速度で腰を沈めました。受はいきなり腰をとられて崩れております。

左列の図（写真1〜2）は初心者（一般人と同様）の動きのため受の腰には崩しが働いておりません。

次図は中級者に手を添えて腰の沈め方を誘導しておりますので、受の腰を崩す事ができました。

現いたしません。これが柔術の型になると、この腰（体）の沈み、重心の縦しずみで受を投げたり、崩したりすることになります。それゆえの難事であります。

3

Q

以前、腰を落とすのが難しいとご説明されておりましたが、いろいろに腰を落としたり、沈めたりしてみてもピンときません。どうやって、腰を落としたらよいのでしょうか。

A

どのように腰を落とす稽古をされたのかは存じませんが、おそらく当初の我が門弟たちと同様の動き方であったことは想像できます。

と申しますのも、いつも申し上げているとおり人の身体というものは思ったようになどけっして動きません。脳、神経、筋肉との関係を考えるまでもなく、すでに出来上がった運動形態をその場で変換できるということはありえません。脳から指令としての電気信号が運動神経を介して筋肉に伝えられてはじめてその筋肉が働き、一定の運動がおこるわけですが、その神経回路を変更して初めて「術」が生まれます。

そのような改変作業が修業なのだと認識できてこそ、今日の多忙な社会生活の中での限られた時間を有効に使うことも出来るのです。術の世界の理論的観点からは明らかに否定される動き方である一般的な身体の動かし方をいくら繰り返したところで、その延長上にはけっして術の存在はないことは明らかです。侍の術の世界は一般的な運動の延長上にはないのです。何故かと言えば、毎度の繰り返しになりますが、力の絶対否定ということが大前提となった理論世界だからです。

そんな世界でどのようにして身体を働かせばよいのでしょうか。それは、そこに型という理論が厳然として存在しているからこそ、力を否定されてまったく手掛かりのない出発点からの稽古が始められるのです。

型という理論ですから、そこには確かに力も動きも見えません。言葉としてある程度は頭では理解できます。しかし、理解できていると思っていたことは型を修業してみると、まったく理解できていないということがあらためて理解できるだけなのです。そこが稽古の出発点なのです。

合宿に際し、左立膝で右膝を着いた形からさらに腰を落とす、という一点に集中して稽古をしたいと思いました。その時、海外の方で必ずや質問が出るであろうと予測した一人がおります。

右膝を着いたこの体勢から腰を沈めようとすれば誰でも尻が後ろへ出て腰が折れ曲がる運動しか起こらないはずだと思うでしょうし、確かにそのような運動しか出て参りません。そうではなくあくまでもこの条件、体勢から腰を落とすということを稽古するのです。

と、稽古を開始する前に、あまりにもわたくしが強調するので予想どおりの挙手があり、まさに願ってもない運びとなりました。股関節と大腿骨と云々……例の彼が質問を続けます。この彼の質問は皆にとってたいへん有意義でした。

実は、稽古前にいくら説明を重ねてもみな我流の動きしかできません。稽古も雑になりがちです。今説明したように動こうとしている気配はまったく見えない、というのがお決まりの風景です。そこに一般論的観点からのよい質問です。あらためて自分たちの動きを確認することとなりました。

彼には直接わたくしの腰に手を触れてもらいました。落ちるはずがないと思った腰はどのように変化をしたのか。彼は驚きの目とともに稽古に向かいました……。

この型における投げ終えた形は、一般的にはだれもが陥る腰の落ちない沈み方に似ております。いや、ほとんど同じと言えるでしょう。しかしその運動は、まさに似て非なるものです。筋肉の働きが異なります。終了形態は同じでも、そこまでの運動の工程が全く異なっております。

彼はその両手で、まさにわたくしの腰が下へ落ち、そしてその結果、腰を低めかがんだ形を作ったのだということを理解いたしました。そのような動きが一般的にはあり得ないと思える状態から起こるという事実を確認したのです。それが、このような型の一つひとつの技として学ぶべき身体運動なのだということを、その手始めとして手で触れた感触から体で理解したのです。

さらに大事なことは、このような型々は実戦の雛型などではなく、理論として学ぶべき身体運動の断片なのだということです。これらの細やかな身体運動こそが遥かなる将来の武術的身体へと近づくための方便なのです。目の前の強弱論にこだわるのなら、多忙な現代生活の中でこんな手間暇のかかることはまったく無意味です。

しかし、これこそがまさに我が国の伝統です。このような稽古法こそが術を連綿として伝えてきた手段なのです。もっと柔らかくさらに速く、さらに速くもっと柔らかく……と繰り返すうちに、わたくし自身過去の自分を乗り越え続けて今日に至りました。

確かに身体の生理的な機能や運動能力は衰退しているのかもしれません。いや実際、老化現象は現実です。しかし、今のこの速さは、若い頃のわたくしにはなかったものです……。

そんな今日を思うと本当にありがたいことと感謝をしつつ、この速さを楽しませていただいております。

腰を落とすという大事

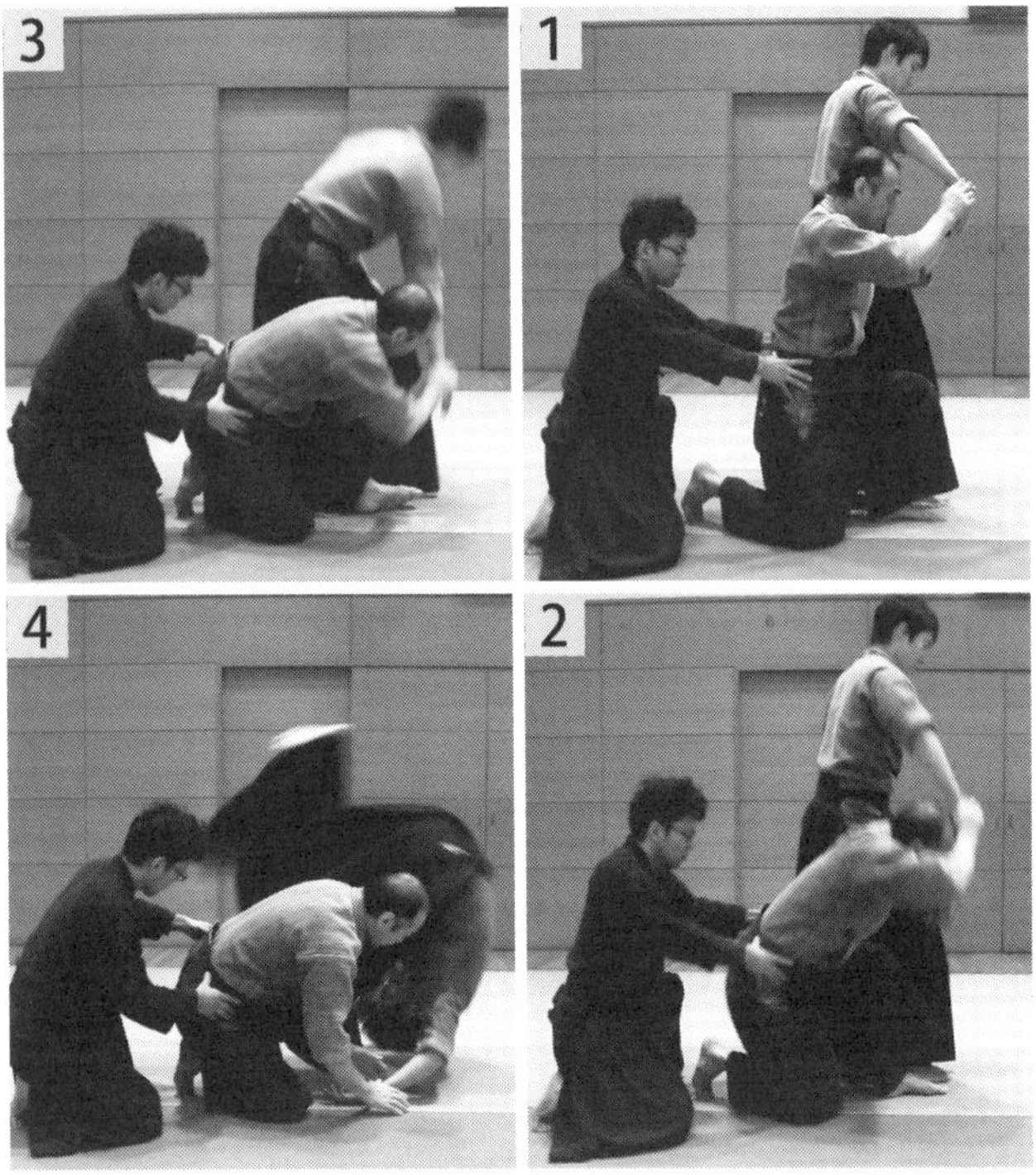

まさに似て非なる運動としての腰の沈め方を表しております。受の手に触れたときから、見えない垂直線の崩しが始まっております。

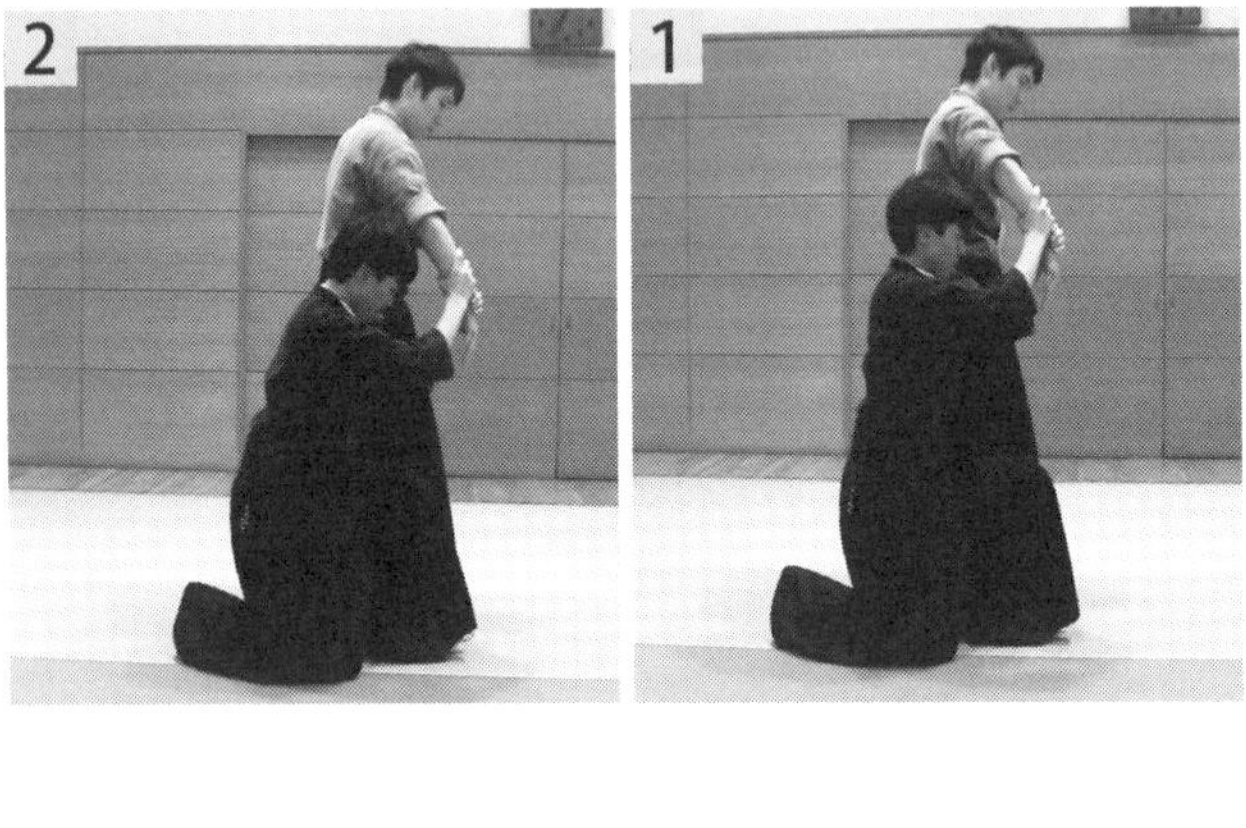

取が受に触れた時ぶつかりが起り、さらに腰の後ろへの引きにより強いぶつかりの抵抗が生まれてしまっております。

4

Q 相撲やラグビーなどのように、相手に当たるときは腰を落としたほうが有利なのは分かりますが、剣道などは立ち腰で攻防を行うのに、なぜ剣術など古流の武術では腰を低く落とすのでしょうか。

A 祖父泰治が、武術は断じてスポーツに非ず、と訴えていたことはご承知かと存じます。武術のすべての原点は腰の低さにございます。

祖父は稽古中たえず腰を落とせ、尻を振るなと弟子たちを叱咤しつづけました。そんな稽古から、剣道においても日本中で今のお前を打ち込める剣道家はいないだろうというほどの弟子を育てました。腰を落とせば居着くというのは素人の、あるいは初心者の当然の感覚です。わたくしもその低い腰というものを勉強、稽古し続けたおかげで今日がございます。

居合術は只管打坐《しかんたざ》、ひたすら座った構えから太刀を抜くことを稽古いたします。座構えから浮き身をかけ、発剣いたします。発剣二躬《はっけんにのみ》は一体陰陽通義なりと申します。この稽古からわたくしどもの柔術でいうところの無足の法と同義の体術を会得せんとするものです。ここでは座構えから日常的な立ち上がるという動作が行われておりません。つまり、重心の移動変化が非日常化されなければならないのです。しかして、浮き身からの抜き付けで居合腰へと変化をする際には、両足を同時に働かせることが可能となります。

座構えから立ち上がる際、左足に重心を移して右足を踏み出すのではありません。左足（膝）に重心を移して立ち上がろうとすれば、その瞬間に我が首は胴体から離れます。右手で抜き出せば、その右腕はそこに転がり落ちるぞと戒められているのと同義です。

一瞬たりとも相手を前に隙を見せることは絶対禁忌であります。稽古では礼式においてさえ、正座からの立ち上がり動作において、煙が立ち上るがごとく立たねばならぬと戒められております。頭が上がるのと同時に右足そのものも前方へ踏み出さなければなりません。これはまことに非日常的な動き方です。身体の浮き上がりと同時に右足も尻の下から前へすり出て参ります。それはあたかも紐で釣り上げられるかのようにさえ見えます。

これはなぜ低い腰構えをとるのか、そこからどのような術技を得ようとしているのかということについての例を挙げさせていただいたものです。このように、一般人の日常的な動作や運動とは大きく異なる非日常的な動き方を習得するために低い腰構えをとるということは、武術修行者にとっては必修科目なのです。つまり、いつまでも居着いたまま足腰の筋力を使い、日常的な運動範囲の中で動いていても身体の非日常化は起こりません。

低い腰構えで無足の法の遊び稽古をしていたとき、初心者がそんな低い腰構えでどうして動けるのだろうかと驚いておりましたが、周囲のみんなは同じ低い腰構えで動きながら、相手にぶつかった、入ろうとするところを返されてしまったなどと楽しんでおりました。当のご本人は、歩幅をじりじりと狭めて軸足に重心を移さなければ移動させる足を動かすことができないでおりました。それでも腰の低さからの難渋を強いられているようでした。

腰をいくら落としても速さの獲得こそありますが、居着いて遅くなるということは今日の振武舘にはございません。前にも述べたとおり、祖父泰治の書き付けに、腰を落とすのがなかなかに難しく……、とありました。その腰を落とすことの何が難しいのかが理解でき、その難しさそのものを稽古してこそ武術的身体が見えてくるのです。

わたくしの二十歳代の頃、ようやく腰も落ちてきて、いくらかその腰構えに自信がついてきたと思える頃、母にどうかと尋ねたところ、祖父泰治の身体を見て育った母の眼は厳しく、まだまだ祖父よりも高い、と一言の下に却下されてしまいました。

居合腰をとり膝が地に着くほどに落としても、小太刀の稽古で半身をとり左肘が左太ももの上に乗るほど腰を落として稽古をしても、形態的な低さ以上にその技倆《ぎりょう》的低さを知る母の眼には、当時のわたくしごとき腰の低さは比較にならぬということでした。だからこそ、その真の腰の低さに近づくべく低い腰構えをとり続けなければ、真の術技、侍の動きを獲得することはできないのです。

先の尻を振るなという祖父の叱咤はご存じの通り、半身から半身の変化による攻防が型の主体となっているため、その変化の際に修行者の身体、腰、尻が回ってしまうことに対する注意でした。誰がやっても回るものは回るではないか、という弁は腰を落とせば居着くではないかというのと同じ次元の言葉

低い腰構えの意味

確保された腕を消し、相手に動きを伝えずに足が捌けておりますので、その腰を直撃することができております。

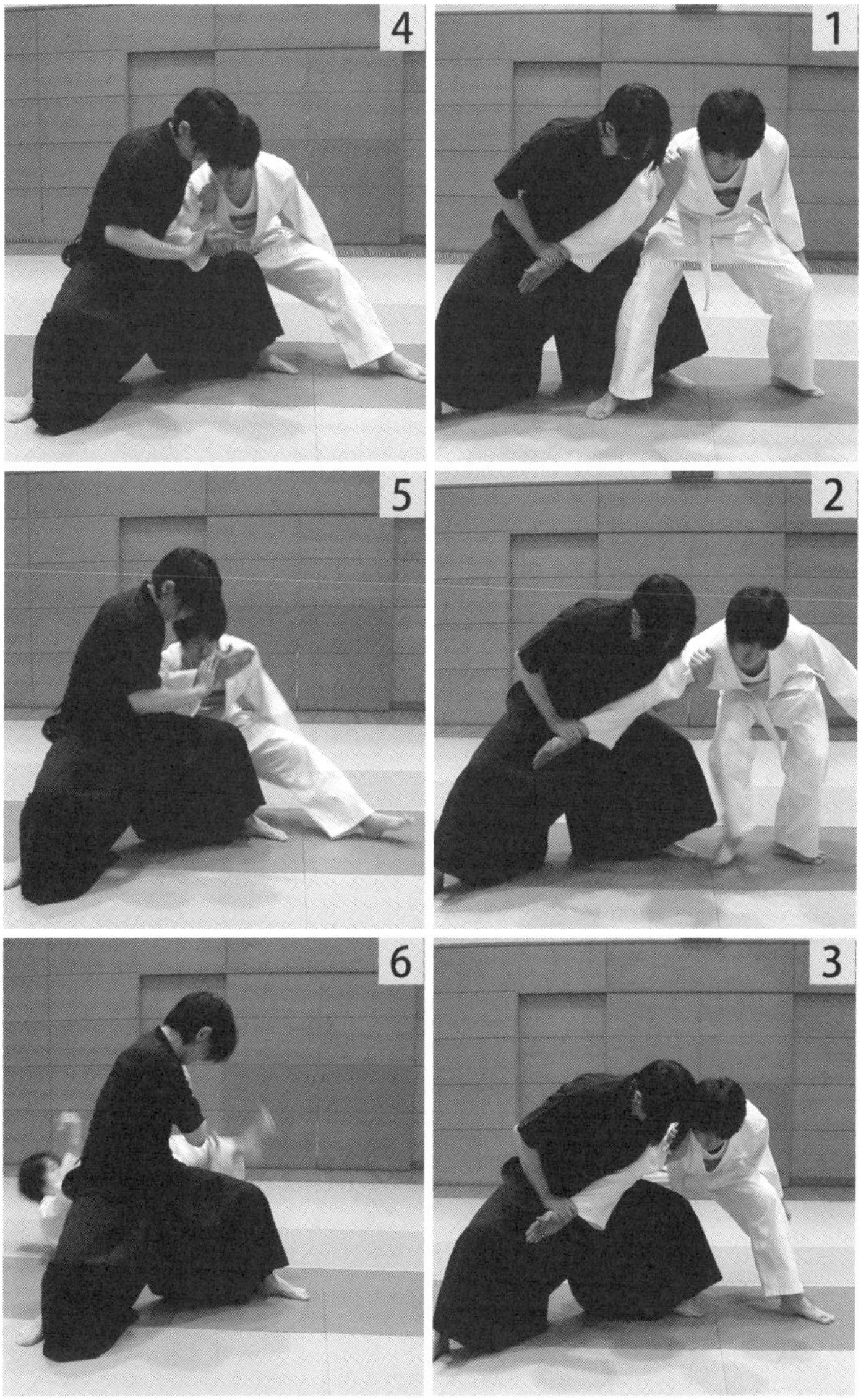

相手に干渉し続けているため自分の力を逆に返されてしまい、腰を崩されてしまいました。

です。

この半身から半身への変化の大きな変化、進展につきましてはすでにご報告したとおりです。どなたがやっても、稽古をすれば半身から半身への変化に際して正面に隙が出るのを排除することもできますし、両肩の回転は当然のことながら、腰や尻などが回ることを回避することもできるようになります。

腰は大事と申しますが、武術のすべての原点は腰の低さにございます。

第7章

柔術は剣術を引き上げる

1

Q

合気道などでもその動きは剣の動きからきているなどと説明されることがよくありますが、黒田先生のおっしゃる柔術が剣術を引き上げるというのは、どのようなことなのでしょうか。型を拝見する限りでは、剣術の型と柔術の型とはだいぶ異なっているようにお見受けしますが。

A

斬ることも投げることも本質的身体運動はひとつ、正しいか否かだけです。

型を学ぶということの難しさを痛感するところです。個々の型の形態的なものにとらわれやすいのが型の宿命です。型の手順には意味などつけないほうがよいとさえ思っております。

昔、わたくしは居合の二本目の行之太刀の理合を、受が柄を取りに来たので、それを、柄を右腰へまるく躱しておいて太刀を抜きはなし、突くのだと教えられ、ずっとそう思っておりました。あるとき、いわゆる初発刀、逆袈裟の一刀は極意の太刀筋とされるが、それに対応するにはどのような太刀の変化があるのか、あるいは同じ太刀筋で対抗するのかと祖父に問いただしたところ、行之太刀とのこと。相手の抜き付けに対して行に右腰で抜けば、相手の太刀は上へ流れる。流れて「万才」をしているところを突けばよい、とのことでした。まさか行之太刀の変化がそのような早業であるとは思ってもおりませんでしたから、驚くとともに深く反省させられました。居合を学んでいて、形骸のみを身に付けていたのでした。それ以来、わたくしば剣術、柔術そして居合術のどの型を教える場合でも、個々の型の理合などはひとことも言わずに指導するようになりました。相手がこうきたからこのように捌くとか相手がこう打ち込んできたからこのように斬り返すなどというのは愚の骨頂であるとの信念さえ持つようになりました。相手がこう来たから……、ではこうこなかったら、となると型などまるで役に立ちません。自由奔放に、相手にとって不利不測の千変万化の太刀の振りようを鍛錬したほうが実践的です。

型は理論であると看做せば、型とは個々の型の手順から成り立つ、まさにそのひと動作を術技化するための方便そのものとなります。相手を捌くために、あるいは斬るために、いまそのひと動作を動く自分の身体が術技として正しく動けているのかどうかが最大の問題となります。斬ることも投げることも本質的身体運動はひとつです。正しいか否か、それだけです。そして、正しく動ければ相手にぶつからないという主題は剣の世界という虚構の中でしか学ぶことが出来ません。このことは型からはなれた自由奔放に動く場合の、まさにその「全方位的動きの理論化」を意味します。そのためのたったひとつの型を学ぶのです。万刀即一刀、一刀即万刀などといわれるのはこのためです。

剣という重量物を振るために重い物をいきなり振って力を養成するというのは、素人考えの最たるものです。なぜ古来より即物的な力というものが否定されてきたのかを考えるには、型を学ぶのが捷径です。型では、力を使ったらその型の動きは絶対に成功いたしません。力を抜いてみても、初心のうちの力の抜きというのは本来のものとは大きくかけ離れたものです。それは、当初いくら見てもわかりませんし、上位の方に触れても、触れてもらっても知覚できません。その身体で何が起こっているのかを知覚できないのが初心者です。それほど鈍い感覚が出発点となります。大雑把に、ただ力を抜いただけとしか理解できないものです。その次元の感覚では、剣を持って上位者と対峙したとき、どのような応対ができるかは火を見るより明らかでしょう。相手が太刀を変化させる以前、動き出す以前、心が動くあたまなどなど未発の機という見えざるものを察知できなければ諸書に遺されているような剣の奥義を感得することは不可能です。動きがしらの気配とか手足の変化、動きを捉えることに腐心していたのでは、刃物を前にしてものの役に立ちません。

そこで柔術といい、やわらと称される世界の、一般世間の目からみるとまことに不可思議な術の世界の動きをまず学ぶことになります。そこでは、人様のことではなく、自分自身をしっかりと見つめなければなりません。その自分を見つめなおす稽古の手助けに相手の方が存在しているのです。道場においては倒すべき相手などどこにもおりません。倒すべきは手の上げ下げも歩くこともままならぬ我に満ち満ちたまさに自分自身でしかありません。相手の方との稽古の方便のもっぱらは、力の抜き比べにつきます。ですから、いますぐ何事か、暴力的な物をも含めて、強さを得たいと思っている方々には何の役にも立ちません。現代において、剣の真髄を直接確かめようとしたら、そのような目先のことは目標にはおけません。わたくしのもっとも納得のいく自分の動きを、剣を踏まえた上でのやわらの動きとして一般の方におこなえば、何も起こりません。相手の方も何も感じないし、理解できないことでしょう。ということで、柔術の稽古によって、心身の働きをより繊細に、より鋭敏にと願って型々を修行するのです。素手の武術ゆえ、太刀などの道具を生来の我によって振りあつかうことが、まず回避されます。そして、ほんとうに力を抜いて太刀を扱うとはどのようなことなのかが実地に稽古しやすいのが柔術という世界なのです。いま柔術で力の抜き比べを稽古したのと同様に神経を使いながら、ようやく木刀や太刀を静かに正しく操作することが学べるということで、まさしく柔が剣を引き上げると称します。

愚者夢を語ると申しますが、わたくしはときおり夢の中で、まるでダリのとろける時計のような刀に難渋していることがあります。それほど太刀を柔らかく扱うことができないで苦しんでいるせいか、そのような柔らかな太刀をおそれているせいかは、わかりません。

型ではないので、腰はつったち稽古といわれる形ですし、あまり見ていてぞっとしません。つまり、このような対応ができるということは、考えうるかぎりの何でもできるということです。その千変万化の刀法の収斂したものが行之太刀というたったひとつの理論（型）なのです。

行之太刀

2

Q

柔術についてお聞きします。一般的な体術系統のものは、物理的、力学的な運動に過ぎないと思いますが、先生のご指導されている流儀では力の絶対的否定が原則となっております。それは、どのようなものなのでしょうか。

A

柔術もまた剣と同様の世界ですから、刃物を扱う速さ鋭さが要求されます。

ご覧のとおり、柔術とあります。では、術とはなんなのでしょうか。剣術、居合術の術とはなんなのでしょうか。まず、その点からご説明をさせていただきたいと思います。簡単に申し上げますと、術とは理論をさします。理論とは型を意味します。型は、実戦の雛型ではないとの持論を提唱して数十年が経ちます（『武術談義』［合気ニュース］昭和63年刊からでも30年ほど経ちます）。剣の世界において、柔術を学ぼうとするとき、もし、柔術という武術が剣の運用技法より遅い身体運用法であるとすると、それを学ぶ必要性がまったくなくなるか相当稀薄になります。祖父の言ですが、柔術とは目に見えないほど速いものだとあります。剣の世界に伍して、その重要性を確立している柔術とは、そういうものなのです。一般的な言葉で、見えないほどという言葉を解釈すれば、その文字のまま見えないくらい早い速度で動けるもの、あるいは動かなくてはならないものとなるかもしれませんが、武術の術を学んでいる我々の感覚では、見えないほど、ではなく、見えないのです。すでに、ご存知かもしれませんが、消える動きと称する術技的な身体の運用法により、その動きは消えて見えます。物理的にはゆっくりと動いていても、それを速い（動き方の）動きと捉えることのできる世界です。

柔術において、剣と同等同格の身体技法を学ぼうとすれば、同様に目先の肉体的な強弱論に拘泥するわけには参りません。剣の型を学ぶ意義は、動きの理論化・非日常化にあります。剣の即物的な運用、強弱に目が向けば、型を吸収する道は失われます。同じく柔術においてもその一つひとつの型によって、現実的な即物的有効性を学ぶのではなく、何よりもまず理論そのものを学ばなければなりません。剣の基本素振りでさえ、人の体は意のごとくには動けません。腕の上下運動すら、初めから正しくなどできません。それに輪の太刀の手の操作を同時に行わなければなりませんから、ほとんど絶望的な難しさです。「正しい動き」「型の要求する動き」というものを知らなければ、そんな絶望感を味わわなくて済むことです。しかし、一般人とはまったく異なる動き方が、型が要求するところの「術」なのです。誰でも腕の上下運動など簡単にできます。その簡単な運動では、技にも術にもなりません。いっけん同じ上下運動と似て非なるものこそが術技と呼ばれる非日常的な世界の動き方なのです。

その理論的世界における柔術という型は、剣が力を絶対否定しているのと同様に、同じ技の世界を追究するためには同じことを学ばなければなりません。柔術の型は、けっして柔道の乱捕りのような稽古法にはなり得ません。人を崩すということに関しては、まったく剣術と同じと見て良いでしょう。くどいようですが、同じでなければ、柔術は剣に対抗できませんし、学ぶ意義がありません。人を羽織のように軽く投げることのできる世界が柔術の世界です。羽織のように軽く投げることのできる何がしかの型があると申しているのではありません。いえ、一つひとつの型がすべて、羽織のように軽く相手を崩し、投げ、抑えることができなければならないのです。そのようにできるようになるために、型を相手の方と共に稽古を重ねるのです。重い相手を担ぎあげて投げるなどという遅い技は回避したいのです。そのような使い方をする型はありません。

たしかに、柔道の肩車のような型もありますが、そこに力の絶対否定という条件をつけて稽古をしなければなりません。すると、まったく別の世界が現れてくることになります。体の沈みにともなう手足の変化、つまり胸の落ちによる手捌きにより、相手は真下へ落とされる「落下感」に恐怖します。そのために、落とされそうになる瞬間は「斬られる瞬間」と同義ですから、それを回避するための体反応が必要となります。それが羽織を投げるような軽さを生みます。腰が崩されてからでは受身は取れません。斬られてからでは防御になりません。そこで先に受身をとって、逆に返しわざとすることを念頭に終始緊張感をもって相手に対して虚実を尽くして応対することになります。

そのように慮っていても、上位の方には投げられます。躱しそこなって瞬時に投げられても、自分で受身をとったという自覚はありませんが、人の身体としての重さは消えます。剣の攻防に同じ反応の速さが要求されるゆえんです。とはいえ、一般の状況においても条件が整えば、同様の結果が生じることも少なくありませんが、けっしてそのように投げよう、崩そうという我をもって対処するものではありません。

かくのごとく剣と同様の世界ですから、刃物を扱う速さ鋭さが要求されます。柔術でも相手は刃物なのだという条件が必須要件です。型も奥には太刀捕りの型があります。剣術、居合術なども素手あるいは無手の型を持っております。剣柔居それぞれの型は交錯し、流儀によっては柔術の型が剣術にはいっていたり、剣術の型が柔術にはいっていたりします。それぞれは三位一体で、剣だから、柔術だからという区別は基本的にはありません。稽古の方便が異なるというだけで、剣の世界の身体を学ぶための理論はひとつです。

谷落《たにおとし》

受の襟に右手を懸け、引きおろす運動を変えるのにたいへん苦労したなつかしい型です。右肘とそれを引き落とす胸の働きが当初はうまれませんから、受を前方へ引き崩すことすらできません。そこに力の絶対否定を導入すると、ご覧のような稽古振りとなります。すでに、右手は襟をつかんではおりません。

3

Q　先生のところの柔術ではもっぱら痛くないようにお稽古をするとのことでしたが、これはいったいどういうことなのでしょうか。一般的には、関節技や急所などを攻める場合は、主にその痛みによって相手を制することを目的としておりますが、痛くない関節技でどうやって相手を制するのでしょうか。

A　痛みによって制御する方法はいつでも学べますが……

わたくしの祖父もよく指一本でも人を抑えつけることはできると申しておりました。昔、富山の時代に朱鞘を腰にした泥棒が闖入したことがありました。わずかな物音に、「すわ、泥棒！」とばかりに住み込みの弟子たちが跳ね起きて捕り物騒ぎとなりました。大きな家と思い、押し入ってみたものの大変なところに来てしまったことに気がついた泥棒はあわてて逃げ出そうとしたところを、待ち構えていた弟子の一人が脛を打ち払いました。どうと庭へ倒れ落ちた泥棒は、その瞬間に背の急所を曽祖父の正郡の親指一本で抑えられておりました。泥棒は、一晩台所の柱へ紐でくくりつけられておりました。朝になると、正郡は「どうじゃ。懲りたか。こういうものを持っておるからこんな悪さをするのだ。わしが預かっておく」と言ってその朱鞘の太刀を抜き取り、泥棒にメシをあたえ、そのまま彼を放免してやりました。祖父の話では、その後しばらく朱鞘の刀は道場におかれ、居合の稽古などに弟子たちに使わせていたとのことでした。

かくのごとく、たしかに用を得れば指一本でも乱暴狼藉を働く人間を抑えつけることもできるという例証のひとつです。当時の弟子たちも現代の祖父の弟子たちも柔術とはそういう手段であると思っていたことでしょう。現実的な面ではそういう利用の仕方のほうが多いかもしれません。しかし、いまわたくしの学びたいものは、剣の世界の侍の高度な技だけなのです。曽祖父や祖父もたしかに指一本で人を制することはできたかもしれませんが、それはひとつの結果にしかすぎません。素人相手にはそんなこともできるよ、というだけのことだとわたくしは思っております。

祖父がわたくしの手をとって「こうすると痛いから利くのだ」と言った、その取り方はまったく痛くもかゆくもありませんでした。痛くないのに「痛いから利くのだ」と言われても納得できません。ただ、そのときは、それ以上に、太い腕、太い指であるにもかかわらず祖父のその柔らかくやさしい持ち方に言葉を失っただけでした。いま、わたくしの言葉でそれを表現すれば、まったく我のない消えた触れ方でいつのまにか私の手は取られていたのです。わかる者にしかわからない、たいへん怖い取られ方です。

箸や茶碗、ナイフやフォークの扱い方同様にわかる者が見れば恐ろしくもあり、わからぬ者が見ればその差の大きさどころか自分との違いにも気が付きません。

こんな世界にわたくしはようやく近づくことができました。一般の方々を痛みによって制御する方法は、いつでも学べますが、その奥にある術の世界はいまこの時にやらなければ、わたくしには残されている時間がありません。絶対に力を使ってはいけないと言われるやわら、柔術という世界で、利かない場合それなりに力を駆使して、あるいは急所を力任せに押したり突いたりなどして相手の自由を奪うことができたとしても、そのような身体の運用法では明らかに、技を持つ侍には対抗できません。もし、痛みが必要ならば、あくまでも力はいっさい使わずに、自身に破綻をきたすような使い方をせずに、相手にその痛みを感じさせたり、動けなくさせたりすることができるのでなければなりません。同じ、関節技を学ぶに際しても、厳として力の絶対否定を墨守しなければなりません。そうしてこそ、初めてそこに術の世界の関節技というものが見え隠れするのです。痛くないように、痛くないようにと念じながら相手を意のままに制御できるように、型の手順にそって、あるいは遊び稽古のひと動作にしたがって、どのように自分の身体を働かせればよいのかを学んでいるのが現在の振武舘の状況です。

と、いうことで当道場では極め技と称するものは、当初はいっさい省略しております。漸次、体が働くようになり、あるいは人の体の働きを観る眼ができてきてから、ときにより極め技を静かに、丁寧に稽古をしております。手首や肘そのもの、その箇所だけに疼痛を発生させるような安易な使い方を極力避けるように努めております。

ですから、同じ懸け方をしても、人それぞれの反応がございます。初心者、熟練者にかかわらず、体癖、体質、硬軟等さまざまですから、単純に痛みを訴える方、腕から体を含めて、痛みではなく強い圧迫感を訴える方、等々により動きを制御されるというように、ほんとうにさまざまです。このように人によって、部位によっては痛みのまったく出ない状態の人もおりますから、痛みで制御するということに主眼をおくことはできません。痛みを発生させようということにこだわり、力を少しでも容れるよう

四心多久間流柔術
肮《ふえ》之巻の極め

受の手首にごく軽く手を懸け、水平に半円を描くようにしますが、この半円を描くという動作がまずできません。腕における力の絶対否定と順体、上下関節のひと調子の運動などが重要です。効き方は手首、肘ではなく胴体そのものにかかっていきます。

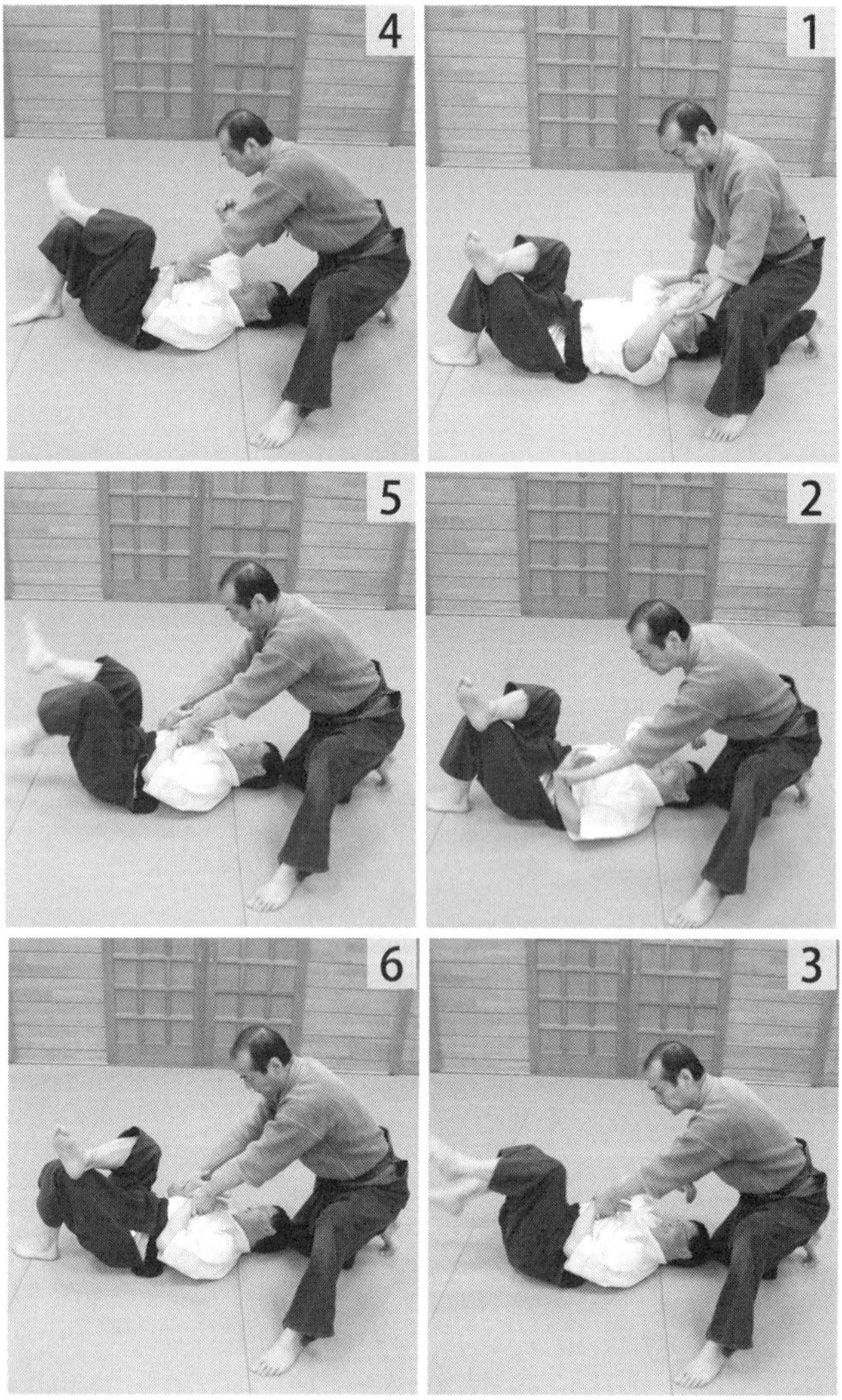

祖父のかけ手は、「独鈷（どっこ）」という型のものでした。痛みはなく、腰が崩れます。

な方向が生じますと、剣の速さには到底間に合わなくなりますし、自身にひずみが生ずる感覚が切実に実感され、到底、剣術と同義の武術として並行して修行することができません。

祖父の、柔術とは目に見えないほど速いものだ、という言葉をせつにかみしめたいと思っております。

4

Q

相手がこちらの胸襟をつかんだ状態や突きだした腕をねじ曲げるにはどのようにしたらよいのでしょうか。稽古が足りないことはわかりますが、力に頼りたくありませんし、その力ですら相手に通じないことが多いです。よろしくお願いいたします。

A すなおに理論に従うこと以外に道はありません。

旧の仲町道場で、お問い合わせのような稽古を、わたくしもずいぶん繰り返し稽古したことを思い出します。たしかに簡単には相手は崩れてくれません。そのうち、よくよく最後はいったいどうやったらあなたは崩れてくれるのかと訊いたりしたものです。そして、このように入ってきてくれれば崩れそうな気がするなどという返答を頼りに、そのように動こうとすると、いや違うと否定されます。向こうの希望する崩し方でこちらは動いたつもりなのですが、そのようには相手にまるで伝わっておりませんでした。意識して動こうとする動きを作ることがまったくできません。

ご質問ではどのような状況で相手の方とお稽古をされているのかはわかりませんが、おそらく一般的な格闘状況のもとでの技法についてのご質問だと思います。いま申しましたわたくしの稽古の状況はあくまでも型やその崩し、投げの部分を集中して稽古をしていたときの様子であります。自由無制限な動きの中で相手を制しようとするものではございません。ご参考になるかどうかは心元ありませんが、どうかお許しください。

胸襟をつかまれた状態でその腕を曲げる場合、わたくしどもでは、いつも申し上げているとおり、とにかく身体の厳密な理論化を目指さなければなりませんので、いきなり相手の腕をどうにかしようと企むことはありません。相手の腕を曲げるためにこそ、しっかりと自分自身の動きを術化するための努力を積み重ねなければならないのです。相手に訊いてすら、その動きは自分の身体からはいきなり出てくることはないのです。それほど難しいことですから、すなおに理論にしたがうこと以外に道はありません。ああする、こうするという動き方をいくら覚えてみてもそのようにしようとすれば、相手の強い反撥にあい、不成功に終わるのが日常的な稽古ではないでしょうか。そこからのご質問でしょうが、いま申しましたように、ああすればいい、こうしなさいという、現場ですぐに役立つような方法は見当たりません。わたくしの場合の、ああすればいい、こうしなさいは、身体の理論化をめざせばいい、我流の動きを否定しなさい、としか申し上げられません。

そこで、さきほど申しましたように、わたくしもかつては受の要求する動きをしようと試みたとき、びくともしない抵抗にあい、ほとほと困窮しましたが、そこからが本当の稽古でした。人づてに聞いたことですが、当時のわたくしは弟子に聞きながら稽古をする変な宗家だと評されておりました。しかし、そんな稽古を夢中で楽しんでいたので、へえ、そうけえと、まったく気になりませんでした。それがわたくしの日々の稽古の姿でした。

当時は、まだおもにひと調子に動くということを主体に稽古をしていたかと思いますが、こんにちからみれば、そのひと調子に動くためにこそ、各種の理論が明確に理解されなければならないのです。ひと調子に動ければすべての理論にかなった動き方ができたということですから、最終目的を眼前にすえて稽古をするというのも昔からの常套手段ではありますが、いきなり極意をめざすのですから、その道のりは遠く、茫漠としております。

基本は順体法でありますから、動きの完全停止から構えを固定したまま発動します。その際、意識としては力を抜くということが大事です。その力を抜くと意識したとき構えが崩れれば法にかないませんからごくごく注意が必要です。そして、剣の体捌きをもって相手の腰の中心を崩すことのみを目標としますから、腰がねじれることを完全排除しなければなりません。この崩しを、ひとつの型とみれば、一文字腰から居合腰への変化をもって受の腕を崩すものとしてよいでしょう。

この一文字腰、居合腰ともに基本の構えではありますが、その構えから構えに変化を正しくおこなうための稽古となります。はじめ多くの方々は腰がねじれます。これが原因で相手にぶつかり反撥が生まれます。そのほかには順体が崩れるため相手にその動き自体が力感をともなうものと察知されます。その力感は相手に接している部分に発生します。腕に添えたこちらの両手はあくまでも柔らかい触感を保ちつつ、順体を厳密に保持しなければなりません。ここに巌のような塊と化した身体でありながら、相手には触れているかいないかわからないほどの軽さで接触を保たなければならないところに感覚的、肉体的な難しさがあります。しかも腰のねじれは勿論、足への重心移動は禁忌でありますから、さらに難しさが加わります。術の獲得とは、かくのごとく自分自身を磨き上げる行程となります。

順体の切り落とし

術者は手で受の肘を折りおとしているようにみえますが、腰から崩しているため手応えはごくごく軽いものです。人の体重を感じることなく崩し終えております。そのためにこそ完璧なる順体が整わなければなりません。

ごくわずかな手足体のずれが相手の鋭い抵抗を引き出してしまいます。

コラム「達人の残像」2

Q　先生の本では「柔術は柔らかくしなければならない」と書かれていますが、それによって武術的な身体を作っていくということは理解できるのですが、昔の柔術家は暴漢に襲われたり試合をしたりしなければならないような非常事態において素手で戦わなければならないときは、どのように戦ったのでしょうか？お答えいただければ幸いです。

A　**祖父のお話をしましょう。**

昔（旧の仲町の道場の頃）、ある患者さんからお聞きした話ですが、あるとき祖父が参道を歩いていたときのことです。当時、祖父は、日常はまだ着物で出歩いておりました。履物は草履または下駄です。わらわらと七、八人のやくざものがそれぞれ匕首を片手に祖父に群がりました。それを見て驚いたのは、このお話をしてくださった方です。当時、参道傍の長屋に住んでいたこの方は怖いもの見たさに一部始終を窓から覗き見ていたそうです。相手がみな匕首を手にしているので、祖父はとっさに下駄を脱いで両手にしたそうです。そして、かかってくる連中をいかにもたしなめるかのように「そんなこっちゃ、人は刺せん！」「そんなこっちゃだめだ」とその彼らとの争闘を楽しむかの

祖父、黒田泰治師

ように連中の頭やら腕やらをぽかりぽかりと打っては躱し、躱しては打ちなどしているうちに、これはたまらんとばかり、みないっせいに逃げ出しました。すると祖父は何事もなかったかのように、下駄をまた履いてゆうぜんと歩いて行きました。これをみて、「いや、あのときは驚きました。てっきり大先生が寄ってたかって刺されてしまうものだとばかり……」とくだんの患者さんは感嘆しきりでした。

これは、以前にもちょっとお話したことですが、いくら相手が刃物を振り回してきても、手加減をしながら、追い払ってしまい、あとには誰も怪我人などいないので

コラム「達人の残像」2

す。まして倒れている人間など誰もいないのです。ただただ怪我をさせてはかわいそうだとばかり、たしなめ追い払っただけなのです。再度機会を狙って襲ってくれば、また来たかと追い払うだけなのです。相手に怪我をさせないから彼らの親分にも本当の敵意を持たせません。強さなど微塵も見せつけるということがありません。武術を喧嘩の道具に使うなどもってのほかである、とは曽祖父が戒めたことでもあります。祖父が下駄を手に相手を本気でなぐったら、あるいは腕や手を叩き落としなどしたら、どのような怪我をするか私なりに想像しても、他人がみたらまさかそのような道具で怪我を負わせたなどと思えないような惨憺たる状況を呈したことでしょう。いえ、実際、空手の達人などになれば、素手でみな病院送りということもあったようですから当然でしょう。

かくのごとく、これは祖父の昔話ですが、それを見た方が驚き、あきれるような戦いぶりだったようです。まあ、祖父の場合は、非常事態が出来したなどという緊張感はまるでありませんから、遊びぶりと言ったほうが適切のような気もしますが……。

このように、祖父の喧嘩沙汰は相手に怪我をさせない、という争闘らしからぬ雰囲気があります。腕の差による余裕のなせる業ともいえるかもしれませんが、なにより祖父の優しさを実感させられる話です。

その昔、浅草でやくざとひと悶着を起こして、喧嘩になったときも、調子よく投げまくっていたら、仲間が仲間を呼び、界隈からどんどんと仲間が増えてきたので、きりがないから逃げるが勝ちとその場から走りさり、陸橋の上からちょうど下を通る列車に跳

コラム 「達人の残像」2

び乗り、サヨナラ〜と手を振って連中に別れを告げたとのことでした。さすがにそこまで追ってくる人間はおりませんでした。まるで、昔の活動写真（映画）を観ているようではありませんか。晩酌の祖父の部屋で初めてそんな若かりし頃の祖父の武勇伝を聞いた時、わたくしはただただ驚き、かつ興味深く聞いておりました。この話も祖父は最初から相手を傷つけて戦闘不能にすることなど毛頭考えておりません。いくら喧嘩が商売の相手が殴りつけ、蹴り飛ばし、突っかかってきても、こちらは体を躱しつづけ、投げて、投げて、投げまくるだけで、そこに怪我をして起き上がれなくなる人間は皆無なのです。だからこそ、きりがないほど相手が増えてしまったとき、かまっていられないから、きょうはもうこれでおしまいっとばかり、さっさと自分から切り上げてしまったのです。

一般の感覚では投げつけられてなぜ起き上がってくるのか、と疑問を持たれるかもしれません。たしかに柔道のような技ですと、本気で地面に投げつけたら危険ですし、ある意味双方ともに危険でしょう。怪我をさせれば喧嘩両成敗、どちらがいい悪いではなくなりますし、禍根が残ります。祖父は柔術しか身につけておりませんし、手加減を加えながら、例のごとく彼らとの争闘を楽しんでおります。ころころと転がっているのは彼ら自身なのです。

しかしながら、いくら怪我をさせないとはいえ、そのような争闘は慎み回避すべきこと論を俟ちません……。

第8章

“型”からもたらされるもの

1

Q

先生は型は「実戦の雛型ではない」と仰いますが、なかなかその境地に達しないのが現実だと思います。実際、先生ご自身、いつから型の価値に気が付かれたのでしょうか？　その切っ掛けなどありましたら教えてください。

A

“血”なのでしょうか。自分でも不思議な想いです。

いつとおっしゃられても、何年何月何日と言えるものでもありません。あとから振り返ってみたら、じぶんの行動はまさに型を大事に思う心に突き動かされていたものだと知ったのです。

それは、小さい頃から無意識に身に付いていたと言えば言えると思います。体が型を見捨てるなどということを許さなかったのでしょう。これを「血」とでもいうのでしょうか。運命とでも言うのでしょうか。見えざる大きな力に導かれていたとでもいうのでしょうか。言葉では言い表せない不思議なものによって、今日に至っているとしか、思えません。

大人になってからは、とにかく黒田の家にだけでも型を遺したいと思っておりました。型だけを、という意味は祖先たちのような、あるいは身近な祖父のような、または先輩たちのような腕前は、自分には到底獲得できないので諦めた上で、という意味です。

大学に入り、家の稽古にもどってからは型の生活です。祖父は、その歳にはほぼ出来上がっておりました。わたくしはこの歳からほんとうの振武館の稽古を自分でやり始めたのです。いや、まだ本当ではありませんでした。スポーツの延長線でした。なんども述べたことですが、何かになるなどということはまったく考えませんでした。体の硬い足の遅い人間にはスポーツ的な世界ではお先真っ暗です。ですから、あきらめた上で何も考えずに、ただただ型を稽古しておりました。まして専門家になるなど思ってもおりませんでした。しかし、隣近所、近郷の子供たちがいく人か来ておりましたから、一応は指導者でした。硬い乱暴な稽古振りでした。具体的なことを教えてくれる人はだれもいなかったわたくしの再出発は、そんなものでした。

2

Q

よく先生は型で何を学ぶべきなのかをご説明されておりますが、型だけではどうしても馴れ合いにならざるを得ないのではないかと思います。その点をどのように考えられますか。

A

その一回ごとの手順一つひとつが、協調調和であり、干渉反撃でもあるのです。

「近世、武術をスポーツ等と称す、断じて〝スポーツ〟にあらず。現時古実を知らずして徒に外形的末技に走り、段位又は勝負に拘泥し、その深真を知らざる傾向無きとせず。思うに武の神髄はその精神にあり、神聖であり厳粛、然も融通変化自在な玄妙味を事とし、破邪顕正の発動、生死一如の気魄を捧持しつつも清明にして慢ずる事なき謙譲を内に蔵するの奥ゆかしさこそ武術の尊さでなければならぬ。……古流を研修、真武を学ぶ武術のごときは現今轍鮒の喘ぐに似たる悲相、僅かに柔において乱取りを柔道と言い、剣においては剣道（撃剣）又は剣道型と称するを以て漸く武術の生命をつなぎ、且つその形体を残すに過ぎざるは嘆かわしき至りとす。」

とは亡き祖父泰治の言辞です。また祖父は、道場においても、竹刀打ちの剣道は江戸の中期頃から盛んになり始めたもので、それ以前の侍たちは型稽古に精魂を込めたものであると、よく申しておりました。

かくのごとき歴史を持つ型とは言え、稽古の仕方を間違えれば、おっしゃるとおり、形骸に陥ることは当然です。だからこそ、道場で何をどのように学べば、いにしえの名人達人の歩んだ世界を正しく知ることができるのかを希求しなければなりません。

型には受と取双方が存在し、お互いの動きが理論化された場合にのみ本来の技が表現されます。その本来の非日常的な動きを獲得するために、双方が当初は協力し合って稽古を積みます。上の者は引き立て稽古もするでしょう。この協調的な稽古は、受が受けを取るという形で現れますが、受自身も自己の上達のために稽古をしておりますから、より一層の深化を目指します。すると、正しく受けを取ればとるほど、下の者はその動きによって崩されることになります。協調的に受が受けを取ってくれたにもかかわらず、型としては受が崩され、取が勝ちをおさめる形であるはずが、逆転してしまいます。これは受が返し技をかけ、型から外れた動きをしたのと同じ結果になります。この場合は、消極的な干渉といってもよいでしょう。

また消極的な協調という場合もあります。受は取の動きが正しく取を崩すことができるかを判別するため、干渉はしないが積極的に受けもとらないというとき、日常的な動きでは型どおりに人を崩し投げることなどとうていできません。この場合、消極的な協調ですから、身体の中心がきちんと攻められ腰の中心が崩されたときは、その崩しの方向にきちんと柔らかく崩されます。とは言え、そのような反応自体が剣の世界では自己の防御と密接な関係にあります。それゆえ相互の動きに対する協調非協調あるいは干渉不干渉は単純に区別、線引きはできなくなります。相手次第で協調が干渉になり、干渉が協調になります。型の反復修錬で身体の理論化を相手と共に修行いたします。その一回ごとの稽古、個々の手順の一つひとつが協調調和であり干渉反撃でもあります。ただし、型から、理論から離れての干渉、協調は稽古として成立いたしません。高度な心身を鍛える道から逸脱してしまいます。

以上のご説明を少し型の具体例で見てみましょう。双方座構えを取ります。受は左手で取の胸倉を取ります。そして、取の右首を短刀（手刀）で突きます。取は上体直立を保ったまま右肩（右胸）を後ろへ引き、突きを躱します。一見かんたんなようですが、右胸を開いて体を躱そうとすると普通は左の肩も同時に出てしまいます。これでは受の突きは躱せません。躱せないどころか呼び込んでしまうことにもなり、こちらが大きく後ろへ崩されてしまいます。この受の反応は自然の反応であって、特別干渉的に攻撃を追加させているわけではありません。ところが、この体捌きが正しく行えると受の攻撃自体を逆転することができます。攻撃したからこそ受自身が崩れることになるからです。

わたくしごとで恐縮ですが、昔、講習会で、空手の経験者の方に突いていただいたとき、その右拳は、わたくしの体捌きにより、右首やや外側へ突き出され、同時に腰も崩されたため、勢い余って体ごと腹這いにどうと倒れてしまいました。そのとき、ご本人はたしかにわたくしの首を突こうとしたのに自分から見て左へそらしたような気がすると首をひねられたので、つぎは攻撃を躱さず動かずにいたところ、たしかに厳しい拳が一瞬にわたくしの右首を擦過しておりました。

胸ひとつ開けるか開けないか、あるいはさらに右胸を落としながら開けるか、などということを学ぶのが型稽古の世界なのです。しかもそのひと動作が剣の世界で生き残るための術技を支える小さな、しかし重要な要素となっております。

緻密至極な型稽古では、馴れ合っているひまなどございません。

剣の突きに対して 体を開くという意味

第2図を見ればおわかりのとおり、取は受の突きの気配を察知すると同時に体を捌いております。攻撃の頭を取られ居ないところを突かされた取は、（本来は攻撃が止まり防御態勢にはいりますが、）ここでは腰の崩れを利用して受けを取り回転して回避しております。

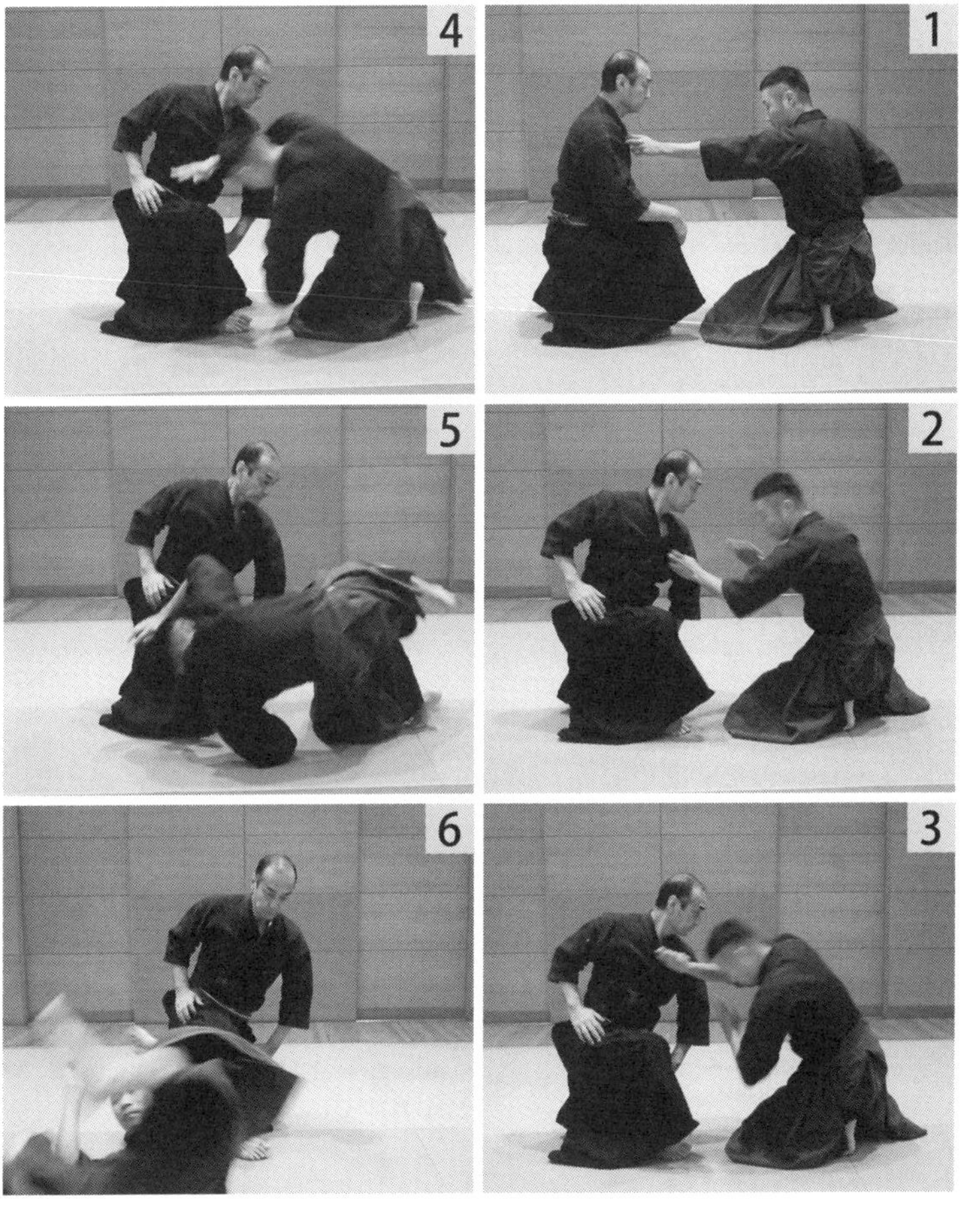

3

Q

型が実戦の雛形でないことは分かりました。ただ型の繰り返しで咄嗟の時、対応できるようになるのでしょうか？　繰り返しの稽古の中で危急の際の心構えを養うことはできるのでしょうか？

A 千変万化する実戦に対応するのが型です。

宮本武蔵の時代から、型の稽古法についてはまちがえるなよ、と諭され続けております。かつて高野佐三郎と中山博道が剣道形を打ったとき、あるとき形が形骸化してはならんと思い、佐三郎が形ではないところを打ち込んだそうですが、博道は平然とそれを躱し、演武を続けたそうです。現代人とさえ言えるお二方ですら、精魂をこめた演武で型ちがいをものともせず、当たり前のごとくに受け応じ、形を終えたのです。千変万化する実践に対応するためにこそ、古人は型の稽古を必死になっておこなったのです。ただ、さきのお二方は剣道で大成された方々ですから、ぎゃくに剣道がそれほどできたからこそ、型ちがいにも咄嗟に反応できたのではないか、と反駁されれば、返答に窮します。証明のしようがありませんし、そちらのご意見のほうが、こんにちでは説得力があります。

実際、一般的には型を稽古すればするほど、形骸化しやすく実践の役にはたたなくなります。そういう歴史があって今日にいたっているわけですから、武蔵の時代、いやさらにさかのぼって剣の神髄を型に求めようとするのは、たしかに時代錯誤です。わたくしはそんな風潮にはおかまいなく、家伝の型を遺すだけを目的に稽古を続けていただけなのです。人から見れば、時代ボケが刀を腰にさした依怙地の強情っぱりだったかもしれません。人の評価を気にしていたら、古流の型など人前では見せられませんし、また、見せようなどとも思っておりませんでした。見世物にするために稽古をしていたのではありません。むかしの侍が正しいと信じてやったことだからこそ、そうしただけなのです。そのことを遺したかっただけなのです。

4

Q 格闘技系に興味を持つ者ですが、型というものを見直しております。失礼かもしれませんが、あらためて「型とは」という質問にたいする最近の先生のお考えを含めてお答えいただけませんでしょうか。

A 型とは、厖大な情報を擁する虚構の世界です。

型は実戦の雛型ではなく、理論であるというわたくしの持論を、すでにご承知のみなさまには繰り返しになりますが、概略のご説明をさせていただいたうえで、話をすすめさせていただきます。

型そのものが改変され形骸化されていないということが前提となりますが、古伝の剣術、柔術などのように受、取双方の攻防を想定されたものを見れば、それらはけっして実戦の模擬そのものとして存在しているのではなく、理論として伝えられているということが理解されます。型の世界が初伝、中伝、奥伝などと体系立てられているということ自体がそれを証明しております。戦場においてそのような分別的な使い方自体が不可能です。

型は理論であると看做すことによって、あらゆる一般的疑問が氷解いたします。たとえば、柔術の初心居取として座構えでの型がございます。いくら往事とはいえ、双方が片膝をたてて座った姿勢で、その片方が短刀を構えて、突いてくるなどという事態が日常生活の中で起こりうる状況なのでしょうか。しかもそれらは「初心」の「居取」（えとり、いどり）という段階の手合い群なのです。ついで立合の型となり、太刀取りなど、真剣白刃取りなどとも言われるものがあり、極意と称する段階に近づけば近づくほど手合いの手順は簡単になります。これも常識的に考えれば、初心者に教えるものほど、簡略であるべきでしょう。常識的順逆に相反する階梯が型の世界であり、それは取りも直さず、型によって理論を伝えようとするものです。

身体の理論的、合理合法的なる運用をめざすための手だてが型という理論なのです。かように理解されて参りますと、型は理論であり、身体を理論化するための学問であると看做せば、そこには厖大なる見えざる情報および身体を働かせるために必要かくべからざる桎梏《しっこく》となる諸々の条件が満ちあふれていることが理解されます。

型は理論であるということは、それはすなわち虚構の世界でもあるということです。現実、実戦からとおく離れた理論的世界です。だからこそ、その実戦から遠く離れれば離れるほど、実戦に近づくのです。居合の極意に離れの至極がございます。切っ先が鞘の鯉口から離れ出た瞬間は相手に到達したときであるとされております。始点すなわち終点という脳の感覚が体感を通して実感されたときが本当の極意を得たときであります。将来そのような実感を得ることのできる稽古が型稽古そのものなのです。全方向に等速度で動くこと。順体法、無足の法、浮身、最大最小理論等にしたがって、緻密な稽古を積み重ねることが古伝の稽古にのっとった方法論となりえます。

そこに加えて、力の絶対否定という一大難事が加わります。柔らと言うがごとく、柔らかきことこそ大事なれ、などと言われております。力、すなわち日常的な力の絶対的なる否定による動作をおこなわなければなりませんが、体育的な身体の柔軟性、可動性あるいは柔らかい動き方などを想定される方がほとんどですが、そうではありません。力を抜け、抜いて動けと聞けば、多くの方々は身体をぐにゃぐにゃとゆすったり腰をふったり膝を柔らかく動かしたりなどいたします。このようなしぐさ自体がすでに理論からとおくはなれた一般的体育的西洋の動作でしかありません。順体法が基本にあります。それこそ絶対に手足を動かさない、という一点こそが基本となります。

極上の静謐性が最速を生み出すのですから、眼に見えるほどの身体の動揺など論外です。構えを崩さずに相対するとき、双方の揺れ具合をはかります。自己の中心がたえず揺らいでいるのが自覚されます。そこには相手は必要ありません。自分が相手なのです。完璧なる静止性を求めて、型のひと動作からつぎのひと動作へと理論的な動き方から踏み外すことなく動作を行うことはまさに至難のわざです。

無足の法により、重心を片足に移動させてから他方の足を動かすということではなく、わが正中線をゆるがすことなく直線上をあゆむことなど、頭でいくら思っても無理です。ああするな、こうするな、という理論的首かせ足かせをかけて、ようやくひとの身体というものは、わずかに術の獲得に向かうことができるのです。このような術技にささえられた静止性を求めるということ、動かずに動くということ、動かずにいて彼我の状況を逆転することが武術の本旨です。戦わずして勝つとか抜かずに勝ちのあるものを、抜いて勝つとは僻事なり、あるいは殺人剣活人刀などと謳われているのは、このような身体の状況が前提とされているものです。

伝統文化をやさしく伝えようなどと思ったら、その真意を伝えることはとうてい不可能です。

極上の静謐の意味するもの

型の手順を示すものが型の本分ですが、ここではその型を生きたものとして稽古をしております。取に状況の逆転をするだけの伎倆の差がなければ、消える突きが首を貫きます。これはあそび稽古であって、本来上位者がとるべき受ではありません。

第9章

“かつての竹刀稽古”

1

Q

振武館が以前には剣道の稽古をされていたことを初めて知りました。今でも振武館では剣道の稽古はされているのでしょうか？　また、やっていないなら何故辞められたのでしょうか？

A

時間的余裕がないからです。

現在、当館では竹刀剣道は行っておりません。そのような時間を設けるだけの時間的余裕がないというだけの理由です。かつての富山の振武館の時代のように、門弟を選んでおりませんので、より大事な武術の本質的なことがらだけを、稽古するようにしております。どなたでも本来の武術の醍醐味を日常的な生活の中で味わおうとすれば、型を充分に学ぶこと以外にほかには何もありません。

竹刀剣道が江戸時代中期から盛んになる以前は、みな木刀や刃引き刀でそれこそひと型ひと型に精魂をこめて修行したものです。ただただ武術の術たるところを学びたいと願って入門されたかたがたに、ある程度の型の練習期間をおいたのちに、防具を着けていただくと、すぐに我の叩きあいになってしまいます。力の絶対的否定などという深遠な理想は吹き飛んでしまいます。そんな稽古は無意味ですし、やるだけ時間の無駄です。手の上げ下げも歩行することすらもままならない人間が小手面胴などと決められた部位を、術技を駆使して打ち合うなどということは、とうてい不可能です。我流、天性の運動神

十数年ぶりの防具着用。細かな青貝の胴は昔祖父が持っていたものを模して作ったもの。

経を駆使して活発に打ち合うほかはありません。そのような下品な打ち合いは、お互いの気分をそこねるだけで、術技の積み重ねとはほど遠いものです。

わたくしが若いころ、振武舘の古い先輩との竹刀稽古で種々悩んでいた事柄は、その後、型を集中的に稽古するようになってから、すべて型の中で解決されていることを知り、なんと無駄な時間、労力を費やしてしまったことかと悔やんだ経験がありますす。そして、半年に一度ほどの竹刀稽古では、そのつどその上位の先輩の太刀筋が見えるようになり、型の稽古でじゅうぶんであるとの確信を抱くようになりました。さらにその後の型稽古の積み重ねで、術の世界という抽象的なものが現実的な術技の世界のものとして実感されるようになりました。こうして、身体の術技化（理論化）そのものに目が向けられることになり、防具はしまわれたままとなったのです。

黒の稽古着が第 12 代黒田正義。みな振武館の定寸の肘までの長さの稽古着を着用している。

振武舘の構え

新陰流の上泉伊勢守信綱に学んだ駒川太郎左衛門の剣術にも位五大事の構えが連綿として受け継がれている。相手が上位のものになるとさらに腰を落として攻防を練磨する。この段階を「下の位の稽古」という。鍔は使用しない。柄は自分の肘より一寸長いものを定寸とする。右肘完全伸展。このような形で高速連打をだす。それゆえの型である。

現代剣道の構え

下の位の稽古から、中の位、上の位の稽古へと進むことにより、相手が変われば腰も高く、剣先もこの構えよりさらに低くあわせるようになり、無構えとなる。

2

Q

昔の振武館では防具をつけて打ち合う稽古もしていたとお聞きしますが、ルール等は剣道と違っていたのでしょうか？　また、先生の得意技や当時を思い出して一番印象深い事等ありましたら教えて下さい。

また、柔術でも乱捕りをしていたのでしょうか？　その場合、力を入れない柔らかい動きで、どのような乱捕りが行われていたのか興味があります。

A

静かで低い、現代剣道とは違うものでした。

曽祖父の時代も祖父の時代も、わたくしがやっていた頃も、素人に勝負をわかりやすくするためにはやり始めたと言われる、いわゆる「引き上げ」という、撃剣興行で有名な榊原鍵吉の遺風は行っておりませんでした。引き上げと言ってておわかりにくければ、今の剣道で正しい打突とされている、一本を打つたびに走り抜けるあれです。遠間から足をあげて飛び込むなどということもいたしません。走り抜けるなどというのはもともとなかった稽古です。武蔵も言っておりますように、歩む足とでもいうのでしょうか、打てるところまで、静かに、あるいはするすると間をつめることを至上といたします。相手が上位の方ですと、竹刀がくるのではなく、身体そのものが近づいてまいります。そんなふうですから、いちいち人を斬るたびに走ってなどおりませんでした。ぎゃくに相手が上位の方ですと、どうしても腰を低く落とさなければ、余計に打たれるので、きびしい稽古となります。けっきょく、型と同じように低い腰構えで敏速に前後左右へ体を捌かなければなりません。

型で撫で斬り、引き斬り、撥ね斬り、押し斬り、掬い斬り、もちろん普通の打ち（斬り）等々学んでおりますが、防具を着けた稽古では、一応籠手面胴突きなど定められた部位を、型で学んだ業を尽くして打つことを修行いたします。型にあるからといって、脛を打ったり払ったり、あるいは逆袈裟に斬ったりなどはいたしません。とはいえ、正規の打突部位に限らず、相手の竹刀がわずかでも触れれば傷つくものとの前提で全身体に緊張をみなぎらせ、ただ打つことばかりを考えず、防御ということもあわせて学ばなければなりません。刃物を振り回すことを考えればしごく当然のことです。たんに打ちが軽いとか強いなどいうことはありません。触れれば触れただけ傷つくのです。流れた太刀がかすめてもそこは大なり小なり傷つくことになります。ただ、そのひと太刀で腕が落ちるか傷のみにとどまるかはお互いの伎倆により、そこが力ではなく手練で打つということの稽古の眼目となります。

また、わたくしの得意技というほどではありませんが、改心流では、隠している籠手をも打つというくらいでしたから、自然と籠手を多く打っていたようです。

まだ体も硬く、今のような稽古のできなかったころでしたが、それでも少しずつ身体も変わりつつあったのでしょうか。あるとき籠手を打った弟子がつぎに稽古に来たとき、二日ほどしたら痣が浮いてきたと報告してきました。で、そのときの様子を仔細に聞くと、打たれた瞬間は、打たれた！と思ったその直後ずんっとした痛みを感じたそうです。そのときはそれきりで稽古がおわり、帰りの列車に乗っているとき、何となく打たれた右腕あたりが気になり、見るとうっすらと腫れているのに気が付き、籠手をうたれたことをあらためて思い出したそうです。そして、そのまま翌日は忘れてしまい、次の日に気が付いたらやや腫れも増し、腕の色が変わっていたということでした。剣道などではよく籠手を上から脇から叩かれるとすぐにミミズ腫れの赤い線がいくつもできるのを見ることがありますが、そのときは何でもなくて、二、三日たってから腫れと痣が出てきたなどという経験は、わたくし自身もなければ、見たこともありませんでした。いくらか打ちの手の内がしまってきた頃のことでしたが、祖父の限りなく柔らかく軽い打ちにあこがれていたわたくしには、残念で悔しくてなりませんでした。相当、力もつかって竹刀を振り回していたことでしょう。

柔術は、もっぱら型稽古だけしかおこなっておりませんが、往時は、ときおり、それこそ、ひょいと手を出したり、後ろから襟首を捕まえてほうり投げたりなどしたようです。いきなりすぃと手が伸びてくれば、稽古をしているものとしては応じざるを得ません。祖父はそれで相手を投げたら、投げた相手が空中にいる間にかみそりで襟筋を縦に斬られ、家に着くまで気が付かなかったそうです。相手は、曽祖父と相弟子の高岡弥平師でした。柔術は、自分から受身をとるもので、その間に相手に業を施すというのは他流でも上位の業とされます。現今の柔道とは大きくその考え方も異なります。剣の世界の体の術であると考えさせられます。

改心流の籠手

右列は現代剣道の籠手打ち、左列は振武舘で行われていた籠手打ち。

本来は双方が低い腰で稽古をおこないます。太刀を振り上げるのではなく、振り上げたのと同じ位置まで腰を落とします。籠手打ちには“落とすだけ”の籠手打ちと“絞る”籠手打ちがあります。

3

Q 先生のお小さい頃の防具をつけたお写真を拝見したことがあります。現在は防具をつけてのお稽古はなさらないとのことですが、振武舘では具体的にはどのようなお稽古振りだったのでしょうか。現代剣道とはだいぶ違うご様子はご著書等から伺えるのですが……。

A **腰を低くして攻め寄らなければ、稽古になりません。**

新陰流に五箇之身位之事という大事があります。

「身をひとへになすべき事。敵のこぶしへ我が肩とくらぶる事。我がこぶしを盾にすべき事。左の肘をのばすべき事。さきの膝に身をもたせ、後の足をのばす事。おなじく、身を一重になすべき事。敵のこぶし我が肩にくらぶる事。身を沈にして我がこぶしをさげざる事。身をかがめ、さきのひざに身をもたせ、うしろのエビラをひしぐ事。我が左のひじをかがめざる事」

上泉伊勢守に就いて剣を修行した駒川太郎左衛門国吉は、このような剣の使いぶりを修行しました。おっしゃるとおり、現代のスポーツ剣道のように跳んだり走ったりなどはいたしません。ご覧のとおり、まず半身を取ります。昔、祖父がよく申しておりましたのは、「ボクシングでもフェンシングでもみんな半身にかまえ、相手から見て攻撃される面積を少なくしているのに、なんで日本の剣道は正面を向いて危険に身をさらすのだ、まことに不合理ではないか。いやいや、だからこそ、本来の剣の攻防においては、半身が原則であったのだよ」と。

ついで、腰構えを低く落とします。敵の拳の高さに自分の肩の高さを低めよと指導しております。たとえば、現代剣道の正眼（中段）の構えを相手が取ったといたしますと、その拳の高さに自分の肩の高さを合わせるのですから、ずいぶんと低い構になります。さあ、これで動けるのでしょうか。動けたからこそ、柳生石舟斎、宗矩、十兵衛等の達人が出たのです。これは基本の大事です。稽古ができるようになり、また老年となったとき、このような低い腰を継続することは当然不可能です。上泉の晩年の稽古がこのような初心の位をとるわけがありません。無位、無形の自然体となるためにこそ、必然必須の過程だったのです。

祖父は、この構からだと、いちど膝を曲げ、あるいは調子をとらなければ飛び込めない剣道とは異なり、そのまま前後左右への移動が可能であると説明をしておりました。そして、自分のこぶしを盾にし、あるいは下げてはならないと教えます。ここで太刀構えについてひとこと、ご注意を申しますと、この新陰流系統の太刀の構は、切っ先が天を向いております。太刀の長短にもよりますが、物打ち部分あるいは切っ先が相手の額の高さより上に出るように構えます。そうすることにより、太刀を振りあげずにそのまま打ちおろすことができるという利点があります。そのため拳を盾とし、相手のうち込みを左右に摺り上げなどして、受け流すことができます。しかも、その受け流しはそれ自体が打ち込みとなります。

この低い腰がまえから自分の切っ先を上下させずに腰をさらに落としながら、後ろ足を前へそろえ、前足を踏み込んで打ち込みます。太刀を合わせた切っ先の位置を変化させることなく、体を前へ寄せることができます。腰が低いため足を寄せる動作が相手には見えにくいか、もしくは気づきません。

つぎに左の肘を伸ばすべきこととありますが、左ばかりではなく右も完全伸展を保持します。曲げると小手ががらあきとなるとは祖父のよく言っていたことです。いっけんがらあきの無がまえ無形の自然立ちで相手の前に立つことのできるのは名人、達人にのみ許される構あって構なき、理論の吸収された至高の構です。理論的根拠のない我流の自然立ちでの個人の運動能力まかせの、当たったはずれたの打ち合いはスポーツとしては楽しいものであっても、命を懸けることのできる武術としては成り立ちません。相手は、刃物をもって打ち込んでくるという世界であることから離れてしまえば、それは娯楽以外の何物でもなくなります。

前の膝に身をもたすということは、入身、前傾の姿勢を取るということです。これは、相手からは遠く、自分からは近いという間合いをとることにつながります。前の肩、前膝、前足の指先をそれぞれ天地人となぞらえますが、それぞれが垂直線上に位置するように前傾の構えを取ることが基本構えとなります。高い腰構えを許されるのは、相手が自分より下位の者か、自身が高位を得たときしかありません。修行中の身である場合は、相手が上の方であれば、とにかく腰を低くして攻め寄らなければ、稽古になりません。

そのほか稽古における目付、心の持ちよう等種々ございますが、いずれも見えざるものが観えて初めてその修行とともに理解が深まるものです。日本語ではありますが、躾をしなくなった現代の日本人には外国人以上に理解しがたきことがらだと思われます。いくら稽古中に、脇をしめる形をとってみても、日常脇のあく箸使いや茶碗の持ち方をしていて、それに気づかずに生活をしているようでは、どれほど一生懸命に稽古に熱中してみても、本人に自覚のない行儀作法が身にしみついていたのでは、どうしようもありません。そのような自覚のない見えざる限界を乗り越えるためには、剣の刃筋を正す云々以前に日常の行儀作法に神経を使わずとも隙のないような立ち居振る舞いができるようになるまで、自分で自分を躾けなおすことが最前の武術修行であると確信しております。

改心流剣術正眼の構

祖父泰治の若かりし頃の正眼指導の構。このような形から本来の無形無構が生まれます。

両肘完全伸展での面打ち

下の位（基本）の稽古で両肘完全伸展の構のまま、面小手の打ちを学びますが、右列写真のように普通ではどうしても肘の屈伸運動が出てしまいます。往時の侍の運剣ひとつとってみても、現代の身体運動とはまるで別次元の動き方を修行していたことが偲ばれます。手首が働けば、肘を伸ばしたままどこも動かしていないかのように、消えて見えますが、切っ先は大きく働きます（左列写真）。

4

Q 古流の竹刀剣道というと現在のものより激しくかなり乱暴なものという印象をもっています。黒田先生のところで以前されていたという稽古はどのような稽古法、内容だったのでしょうか。

A 腰は低いまま半身の姿勢で構えます。

母の胎内で竹刀や木刀の響を聞いて育ちましたから、物心ついた時はもう防具を着けておとなと稽古をしておりました。じぶんでは素直な良い子でいつのまにかそうなっていたのかと思っていたら、記憶にない幼児の頃は防具装着を嫌って道場内を逃げ回るのを先輩の若者達に押さえつけられて防具を着け、道場に立たされたようです。

稽古に際しては「お願いします」と声をかけ、礼をして蹲踞し竹刀を合わせます。ここまでは一般的なものと同様です。立ち上がると同時に足はひと足出て間を詰めます。下の位の稽古の時（時代）は、腰は低いまま半身の姿勢に構えます。このとき竹刀の切っ先は定法どおり高く上げ、片身はずしの正眼に構えます。脇を締め太刀を立てますが、こぶしは低い位置にとどめます。小手の防御に工夫をしておりますす。片身はずしの正眼としておりますから、小手は完全に太刀の影に隠れます。高い切っ先の構えの利点のひとつは、相手をこちらの間に引き寄せるということがあります。また切っ先がすでに上がっておりますから、そのまま振り下ろすだけでよいという利点もございます。

ではここで、型どおりの面打ちをご説明いたしますと、現代剣道よりはずっと近間の稽古となります。この形が古来よりの原初的な稽古であります。相手も同門だといたしますと、歴史的な道場などをご覧になったことのない方は驚かれると思いますが、幅二間ほどのうなぎの寝床といってもよいような細長い道場がございます。走りぬけ、飛び跳ねる稽古法ではないので、この間合いでじゅうぶんなのです。いえ、充分な広さという意味での充分と申し上げたのではありません。術を修行するためには空間的な広さは問題とはならないという意味であります。そして、この至近距離での高速連打の応酬にこそ術技修得の目的があるのです。竹刀稽古ですら、実戦の模擬ではないのです。

さて、双方竹刀を合わせます。この合わせた位置を動かさずに静かに腰を落とします。この体勢のまま元の腰の高さに復してみますと、じつは太刀を振り上げずに腕を肩の高さにまで振り上げたのと同等の構えに変化をしております。したがいまして、腰をさらに落としたときはすでに打ち込める体勢が調ったことになります。しかも相手は太刀が振り上げられたとは思わず、自分の相手が腰を低く落としたと認識します。とはいえ手足腰が同調しませんと、手を上げ、腰を低めたさまが相手に読み取られ効を奏することができません。また腰を落としたときは後ろ足が引き寄せられております。このときは体構えが動いてはいけません。多くは後ろ足を前に寄せると体が動揺し、構えに乱れがでます。これもなかなかに難しい身体運動となります。

次いで、踏み込み、そのまま腕を伸ばせば太刀が振り下ろされます。しかもこの打ちは一般的な打ちおろしのような打ちこみではありません。打つときに小さく円を描いて打つ場合もありますが、原則的にはそのまま左手を右腕の下にそろえるだけです。しかもこのとき左の肘は伸ばしておりますから右手は軽く柄をすべり両手がひとつになります。切っ先は腰の落としとあいまって、さらに前方へ伸びます。もし、相手が打ち込んできた場合は、同様に腕を上げながら右手を滑らし受け流しと打ちとが同時に終わります。そして、手の内が柔らかく軽いので、もし相手が強く手を締めて打ち込めばぎゃくにその竹刀をはじくことができます。そのための柔らかくゆるい手の内を学ぶのです。けっして力んではいけないというのはそのような術技を獲得するための方便なのです。力を容れればいれただけ自分が傷つきやすくなります。

打ち込んだあとは、さらに連続で打ちを繰り出します。足捌きは前後左右に足音を立てぬように軽快敏速にはたらかせます。数太刀を瞬時に打ち込んでは、さっと引き下がり、また腰を落としては打ち込みを繰り返し、疲れたら「まいりました」と声をかけて引き下がり、蹲踞、納刀をします。こうして順次、元太刀に稽古をつけてもらいます。

下の位ではこうした高速連打を連続して繰り返す稽古を積みます。もちろん腰は極力低めます。相手が上の方ですから腰を落とさなければ対応できないからです。そうして次第に中の位の稽古となり、今度は下のものを相手に稽古をするときはやや自然立ちの構えで一太刀も打たせずに受け流し受け応じ適宜一本いっぽんを打ち取ります。

以上はあくまでも原則的な稽古法について述べました。落とす小手、落とす面からはじまり免許となると絞る小手、絞る面など打ちそのものの身体技能が変化をいたします。両腕の屈伸運動での打ちのみではありません。

古流剣術

気配を消したまま腰を沈め、左足を寄せ、面を打ちます。

この図の場合では、動くのは左足のみで身体はまったく動揺しないため、相手にはその動きが察知できません。

半畳の間の中での攻防です。受の打ち込みはありません。

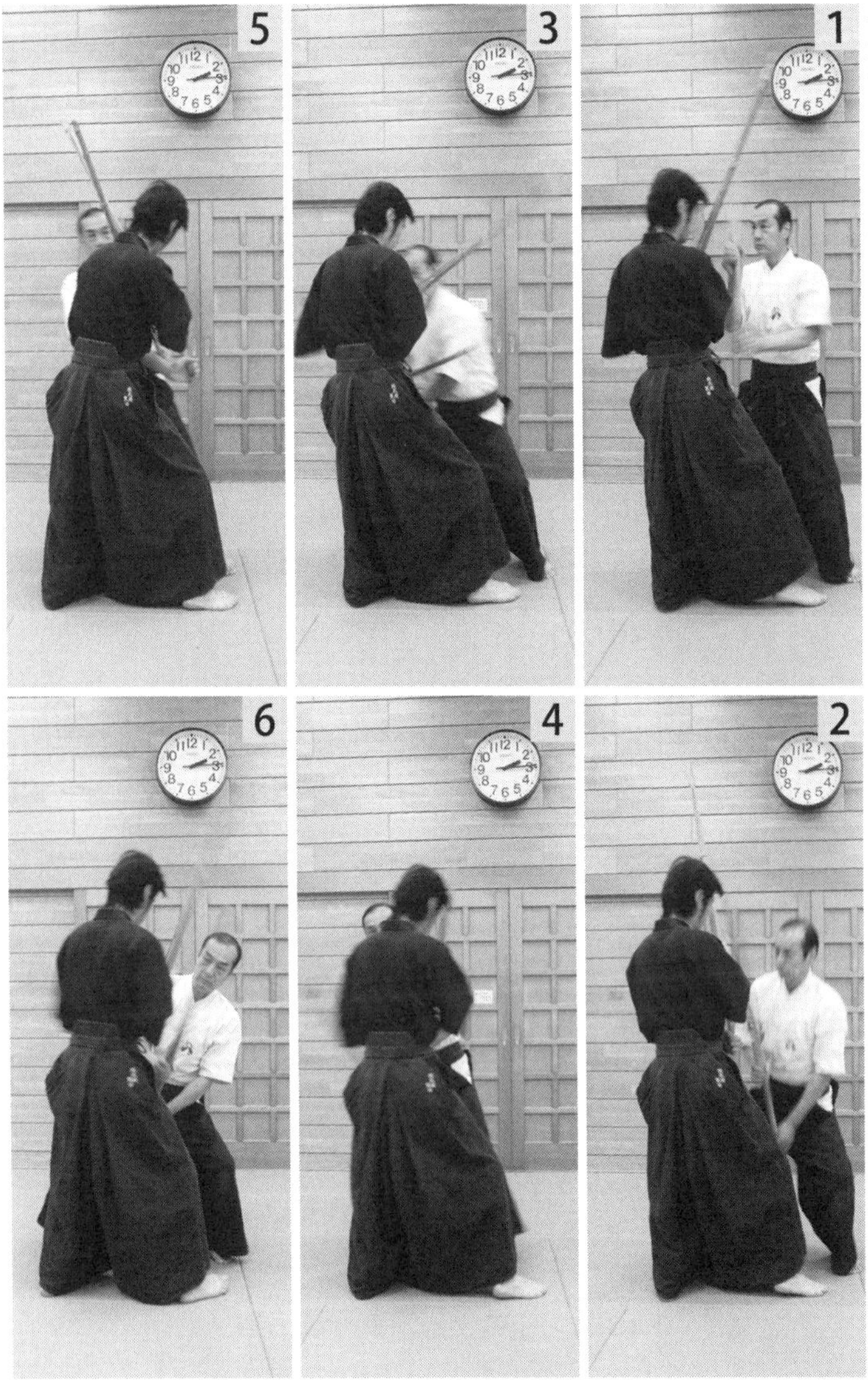

コラム 「達人の残像」3

Q つかぬことをお聞きいたしますが、黒田先生は、気合術とか霊魂などのような精神世界の技等には、ご興味はありませんか。

A **残念ながらわたくしにその素質はありません。ただ、祖父にはありました。**

一日がかりの正座の修行のはてに、苦痛とともにはって部屋を出ようとしたときに黄金体験をしたという方の話を聞いたことがあります。古い家具類ともども家中が金色に輝いて見えたそうです。また、ある弟子が高校生のとき、剣道の試合で、相手が打ち込もうとするその動作がひどく緩慢に見え、その小手を遠慮がちに打とうとしたら、自分も夢の中でもがくように動きながらの打突だったそうですが、その動きは試合後、ひとから理合にかなった理想的な一本だったと褒められたとのことでした。また、ある剣道の大家は、道場の柿落《こけらおと》しの模範試合で、相手の小手や竹刀が黄金色に輝くのを数度体験したとか。祖父泰治の生前に親しくしていた方が、お線香を上げに来てくださったときのことです。ご夫婦それぞれが、玄関から祖父がにこりと顔を出してくれたとか、部屋から笑顔を見せてくれたなどと言っておりました。

このようなお話はお問い合わせの皆様の中にも少なからず、おありになるのではないでしょうか。わたくし自身のことに関しては、四七歳のとき『この方は普通だったら、夏頃に亡くなっている方だ。ただ奥様がそれを支えている。いまは最低の時期だから春になればまた新しい芽も出るでしょう……』と言われたことがありました。この話を聞いたときは、その亡くなると言われた八月のパリ合宿を終え元気に稽古をつけているときでしたから、何のことやらはじめは理解できませんでしたが、妻が支えている、ということと酒やタバコなどの現実の健康問題には関係がないということを聞き、あちらの世界でのわたくしの「ろうそくの寿命」のようなことを言っているのだなと思いました。あとから聞いたことですが、九月のわたくしの稽古時の姿をみた弟子のひとりの眼には、口では表現できないほど異常に見えたとのことでした。たしかに九月下旬のある日、昼過ぎから急にめまいを感じ、翌月初旬頃まで続いたことがありました。そこで関西に住む、さきの弟子が易をみることで評判の神主さんのところへ出向き、わたくしの状況をみてくれたわけです。しかし内容が内容だけに、当初は重い口をなかなか開かず、話してくれなかったそうですが、それを彼はしつこく問いただしてようやくさきのような内容を聞き出したのです。お若い方たちは笑われるかもしれませんが、このときも、わたくしは大いなる力によって生かされているのだなと感じました。

祖父泰治は曾祖父から気合術等を伝授されております。その兄の正義は、腕は立ちますが、そういう方面の素質はないものと伝授されませんでした。たとえば下馬落としと称す

コラム 「達人の残像」3

黒田泰治鉄心斎の向掛「浮身」図

この座り姿、妙な格好ではありませんか。一般の目からすればこれはきわめて異常で変な姿勢に映るかもしれません。これが術というものです。そしてこれが侍の日常の身体運動、生活の姿なのです。術技の集積をいきなり真似しろと言われても、できるものではありません。

る技を祖父が伝授されたときは、向こうの土手の上をひとりの弟子が馬に乗ってゆくところへ、曾祖父の正郡が気合を当てると弟子はみごと落馬したそうです。それをみた茶目っけのある祖父は、落ちた瞬間にもう一度気合を掛けて馬にもどせないだろうかと言ったら、ぽかりとひとつ頭をたたかれ、馬鹿を申せ、落とすのでさえ容易でないものをそんなことができるか、と一喝されたそうです。そのほか、幻視術と称して、銭湯の湯船の中に鯉を泳がせ、人を驚かせたり、袴やズボンの裾にあたかも火が点いたかのように錯覚をさせ大騒ぎをさせたり、高価な金魚を当てで仮死状態にさせたり等々のお話は以前にもしたでしょうか。こういう術は正義の例もありますように、武術の余技としてたしなむことのできる方は学べばよいことなのでしょう。わたくしには祖父のような質はないものと昔から諦めております。

お話のついでに、これはもう現代人の皆様からすれば、落語や映画、漫画のお話と馬鹿にされる次元のお話を付け加えておきましょう。ただ、わたくしは昔祖父から聞いたとき、おもしろい話だと思って聞いたものです。

祖父が子どもの頃、曾祖父に連れられての外出から帰宅するときのことです。家へは墓地の近くを通らなければなりません。子どもながらに腰には木刀を差しておりました。墓地にさしかかる頃は、あたりは真っ暗になってしまいました。祖父は曾祖父の袂をしっかりとつかんで歩いておりましたが、いま出るか、いつ出るかと人魂のことが頭からはなれません。案の定、ぼうっと青白く光る人魂がふわふわと舞い出てきたそうです。出たよ、と曾祖父の袂を引くと、曾祖父は「おう、おう、あれはお仲間なのだから、かまうでない」と言って平気で歩いて行きます。しかし、祖父は不気味さ、怖さゆえ腰の木刀を抜き、曾祖父の制止も聞かず人魂めがけて打ち込みました……。〝刀を抜いたとき、どうも気分が悪いと思って刀身をみたら埃がついていた〟という祖父ですから、そのときの人魂の手応えは、子どもながらにかすかに感じたとのことでした。

第10章

稽古と上達

1

Q

先生の書籍で勉強させて頂いております。ただ足首が悪いため腰が落とせず、一文字腰などでぐらつきます。何かコツのようなものはあるのでしょうか？

A

稽古にコツなどありません。

稽古にコツなどございません。コツがあれば、名人続出でしょう。理論を学ぶのが型です。どのような身体であっても、理論から外れないような修練の積み重ねであれば、まさしくそれは、わたくしどもの言う「下手な稽古」であって、上達への道のりを歩んでいるといえます。できないから、不都合だからといって、我流の動きを種々おこなってみても、それを工夫とか稽古とは言いません。それを「駄目な稽古」と申しております。駄目か下手かがわからないから、わかるまで型を繰り返すしかないのです。それは、古人を信じるということです。その型の一つひとつに命をかけた古人たちと同じ道を歩むということです。浅はかに現代スポーツ理論などというものを、いきなり型の世界に持ち込んでみても無意味です。それは古流の型をつかった運動にしかなりません。まず体力、筋力を否定したうえで、理論そのものを学ぶのが武術です。つまり、そこにいる自分自身を、まず、すべて否定した上で、そこにない新しい動きを自分自身に生み出すのです。そこにあるのは、身体ではなく技だけです。

調息の法

一文字腰で両手の指先を下腹部前にてあわせます。

上に上げながら、吸気します。

頭上まで引き上げます。まだ吸気です。両腕の上下運動はすでに奥の型、極意の型になります。そこから、素振りの大事も理解されなければなりません。誰にでもできる上下運動は、「運動」です。「術」ではありません。

両手を左右に開くまで吸気です。そして、両手の指を下に向けるとき息を止め、指先に力を容れるようにして下腹部に軽く力をおさめます。この「力」という言葉が難解、誤解のもとです。

両手を元の位置まで戻しながら、息をはきます。4のときと同じく、息をおさめます。

2

Q

黒田先生は、稽古にコツはないとおっしゃいますが、太刀を振り下ろすのは広背筋であるとおっしゃっています。これなどは一種のコツではないでしょうか。他にもこのようなコツがあったら教えてください。たとえば無足の法や順体法などについて。

A コツは……

なるほど……。

おっしゃるとおり、腕の振り下ろしやスウィングのような運動は当然、多種類の筋肉群が同時に関与しております。いままである程度解剖学的に身体のことにお詳しい方なら当然のことと思い、そして一般の方に対しては強調的に広背筋のみを取り出して説明してまいりました。じっさい広背筋ひとつではどうにもなりません（当たり前です）。そのような説明の仕方になったのも、道場で指導している現場の感覚に基づいているからにほかなりません。他の筋肉群の脱力的協調性も重要ですが、この筋肉の顕著な働きのあるなしで大へん明確な違いが現れるからです。ご指摘のとおり学問的な詳しい説明をさけただけなのですが、たしかにそういう意味ではコツと言えるかもしれません。では、ほかにも、とおっしゃられても……やはり、稽古にコツはないと言わざるを得ません。

たしかに、冗談に、「稽古中にそのコツ一」などと言うことはございますが、あくまでもジョウダンでしかございません。そのコツができれば、すべてできます。それでもよいから教えろとおっしゃるのでしたら、道場で言っているとおりのコツをいくつかお教えいたしましょう。

例えば、無足の法のあそび稽古で相手に抱えられた腕をそのままに、つまり抱えられた腕の動きを相手に伝えずに、左足を寄せ、右足を右へ踏み出し、相手の腰を崩したいとき。

まずその一、順体を保つこと。

その二、重心を右足に移さぬこと。

その三、ひと調子に左足を移動させること。

例えば、相撲のように四つに組んだ状態で、柔道の大外刈のように、右足を相手の右足に掛けたおす場合。

その一、やはり順体を保つこと。

その二、左足に重心を移動させぬこと。

いずれの例におきましても、絶対にこちらの動きを相手に伝えぬことが大前提となります。すなわち腕を掴まれようが、四つに組んでいようが、ここに居て、いない状態を作り出すことが大事であります。ま、どのようなあそび稽古においても、こんなことでしょうか。

順体を保つ、という一点にかぎってみても、この難事を理解するにはまず稽古をしてみるのが一番です。相手がおりますから、ただ自分勝手に体構えを固めたつもりでいても、すぐにその不出来が露呈します。いくら集中して体構えを固めたつもりでも、つもりでしかないことを痛感いたします。さらにたとえて申しますと、腕をつかまれた状態で、その腕を動かしたい方向に動かせるか否かというあそび稽古では、そんな単純とも思えることすら、ままならないという壁にぶつかります。では、押さえられた腕を左右に振ろうとしたとき、どうすればよいのでしょうか。そのコツは、腕全体を順体に固め、ひと調子に振れば良いのです。固まれば動けます。どのような方向にも動きたいように動けます。が、どなたも動くことができません。

さらに重心を移動させずに移動するなどという段になりますと、いままでのみなさまの日常生活の運動法とは大きく異なりますから、どなたも動くことができません。動こうとしたその瞬間にまず重心の移動が始まります。あるいは始めようとする事に気がつきます。そうすると、その移動をしては不成功に終わるということがわかっているわけですから、動くわけにはまいりません。そこで、立ち往生となります。頭でわかっても体が動きません。体を動かして熟練すればできるようになるというものではありません。その動き方自体が否定されているわけですから、そのご自分の動き方で、動いてはいけないのです。重心を移動させずに、すなわち足をいままでの足使いをさせずに、足を遣うのですから、無足とはよくぞ名付けたものと思います。足を使わないと断定したのです。使わないほうが速いことを発見したのです。では、どうやって足を日常的な動きから解放したのかと言えば、倒れるという、まさに体捌きそのものが優先されることによりその術技をかなえたのです。と、このようにいま「倒れる」という最大のコツを伝授いたしました。簡単です。倒れるのを利用して足を動かせば良いのです……。

断言いたします。一般的にはどなたもご自分から倒れることなどできません。いっけん倒れる形はどなたでも容易につくれます。しかし、それが正しく倒れる形となっているかどうかを検証してみればすぐにわかります。受を付けてみれば、どなたもいま使ってはいけないと言われた足を使って倒れる動作をつくっているため、受にぶつかり、倒れることができません。すなわち、先ほどのあそび稽古のときのように、何もできていないということが判明するのみなのです。

振武舘におけるコツは冗談にしか存在いたしません。

無足の法各種遊び稽古

順体により振武舘の正中線および浮身を保ったまま、右側方あるいは前方へ移動します。受にぶつかるか否か、すなわち受にこちらの動きを察知されるか否かにより、無足の法の可否を検証いたします。我意我慢の身体を否定することにより成り立つ稽古です。

3

Q

黒田先生は、あらゆる場面で受をつける稽古を大事にされているようですが、受自身の伎倆といいますか、反応するレベルなどによってもその稽古内容が大きく左右されると思います。その点をどのように克服されているのでしょうか。

A

稽古の段階がまちまちであろうと、稽古はいかようにもできます。

あまいのよりは厳しいほうが、だんぜん伸びる芽を育ててもらえる利益はおおきいものです。それゆえ、上位のかたが下位の方とくむ場合は、圧倒的に下位の方のほうが稽古の利得は大きいことになります。大きい分、稽古年数の差による伎倆の隔たりがあるため、たいへん難しくまったく動くことができずに、立ち往生の体となります。頭で思ったようには身体は動いてはくれませんので、たいへん難渋いたしますが、苦労のしがいのある稽古となります。受取交代で行いますので上位の方にとっては甘い稽古となりがちな危険性があります。そこで、上位者は受のとき、受そのものに甘んじることなく、ほんらいの受としての応対を心がけることで、受取双方が納得のいく稽古をすることができます。

すなわち、取の動こうとするあたまをすべて抑えるということに集中するのです。もちろん、それには緩急があり、実際の動きの速度には関係なく、未発の機を常時とらえることに集中しなければなりません。そして確実にあたまを抑え、ぴったりと相手に合わせて逆の崩しをかけることをねらうのです。それも、力の抜き比べが前提となっておりますので、けっして即物的な力の合理的な運用などに頼ってはなりません。たとえ下位の方といえども、その動きに合わせて崩し返そうという目的を持って動く場合は、たいへん難しい相手となります。どのような状況でも相手の腰を直接崩すことができて、はじめて返し技としての効果を評価することができるのです。

このような状況ですので、上位者下位者がいりまじってのまわり稽古などというのは、参加人数の少ないときや合宿などのときにかぎられます。普段は同程度の班ごとにわかれて、伎倆伯仲の者同士で稽古をいたします。

これはぎゃくに力関係が同程度となりますので、はじめからお互いがたいへん難しい状況での稽古となります。返し技などなかなか掛かりませんし、相手が返し技を狙っているところへ順の技をかけて、その腰を沈めようとするのですから、難度があがります。その攻防の間、たえず、集中しなければならないことは、理論そのものをたえず頭の中で反芻しながら自分自身を見つめ続けるということです。相手の返し技に気をとられる必要はまったくございません。正しく動くことができさえすれば、そして力の抜き比べに勝つことができさえすれば、相手は崩れるのです。どのような状況の中でも、相手の動きに惑わされてはなりません。術技を向上させるということは、あくまでも自身の身体の理論化に向けての作業を、相手になってくださる方と共同で進めていくしかないのです。

たしかにおっしゃるとおり、初心者の場合、わたくしが正しく動いているにもかかわらず、その正不正を判断、触知できない場合がございます。剣の型ならば、見える、見えないなどということにこだわらずに、とにかく理解できた範囲で型の動きをまねることから稽古を始めることもできますが、柔らの手ほどきや型となりますと、剣が相手の柔術ですから、いきなり触覚的な問題や見えない情報をいかに手に入れるかという高度な能力が前提となりますので、その点での難しさは如実に実感されることとなります。

しかし、それこそが本来の剣術の学ぶべき難しい問題点なのです。というより、それこそがすべての核であり、基本から極意へと連なる一連の道程が包含された稽古世界なのです。はじめから極意を学ぶ楽しさ難しさはえも言われぬ充足感に満たされるものでしょう。なになにを何万回やるとするにせよ、そのなになにが何を要求しているのかが明確でない場合は、どこへ行き着くのかが不明です。その何万回の果てに極意があるかもしれないし、ないかもしれないという不安感などは、持ちたくございません。わたくしに伝えられた型々は、先祖たちの伎倆には遠く及ばずとも、その同じ異質な侍の世界のものを得られると信ずることのできる理論を有し、型はわたくしにその異質な動き方を要求し続けてくれました。その型々を学ぶとき、相手となってくださった今日までの門弟のかたがたは、何度も申し上げますが、わたくしを術の世界の深奥へと導いてくださったかけがえのないひとびとです。

いじょうのように、受取双方の稽古の段階がまちまちであろうとなかろうと、稽古はいかようにもできるものです。わたくしの稽古は、わたくし自身がおこなうのですから、お相手はどなたでもけっこうです。

いなければ、ひとり稽古をすればよいのです。

順体・無足の法による腰への直撃

二例ともに、受が取の攻めに応じてその腰を崩しております。

理論通りの体捌きによる崩しで受の体重はなくなります。

受取拮抗した状態で双方ともに動けません。

4

Q

長年、黒田先生の書籍等を拝見させていただいております。しかしどうして、年齢に関係なく、いつまでも技倆が上がり続けることが出来るのか、というのがまだ理解できておりません……。

A

対敵動作としての「人」を対象とはせず、人を超えた完璧性を求めて稽古を重ねる日々の連続からは上達のひと文字しかございません。

このようなご質問をいただき、つくづくわたくしは家伝の武術を後世に伝えるということのためだけに、この世に生を受けたのだと実感されます。幼少の頃から運動は苦手でしたから、まさか柔道整復師としての本業を廃業して、このような武術指導の生活になるとは思いもよりませんでした。

おっしゃるとおり、わたくし自身そんな運動苦手の人間がこの夢のような、まさにわたくしにとって夢のような世界にいる現実が信じられません。

祖父泰治も「武術は断じて運動《スポーツ》にあらず」と申しております。まさに武術は、完璧なる静けさが最速であるということからも一般的な運動とは次元を異にするものだと理解できます。その術という遺産が、運動に劣等感を持つこんなわたくしの動き方を変えてくれたのです。そのありがたさは一入《ひとしお》であります。

昔から何度も述べて参りましたが、手の上げ下げから歩行まであらゆる日常的動作が武術の世界では何の役にも立たないのだと否定されたところから始まります。それはまさに動き方の違いに起因するものです。一からすべてをやり直し、武術的身体へと創り直す作業が型の世界なのです。半身の世界を知り、初めて身体が回る、よじれる、捻れるということが鮮明に理解されます。剣の世界においては、こんな一般的な人の動きはすべて否定されてしまいます。

型の稽古を続ければ、さらにその奥へと足を踏み入れることが可能となります。そのためには、対敵動作としての「人」を対象とはせずに、人を超えた完璧性を求めて稽古を重ねるのです。そこに苦しみなどは皆無です。あるのは我が身体、我が動きが術化されることの喜びと楽しみだけです。そんな日々の連続からは上達のひと文字しかございません。しかも稽古の断続とは無縁です。そのため、この時この稽古だと限定することは出来ませんが、振り返ってみれば、ある時点で今まで以上に精密な動き方をしていることに気が付くということが多々ございます。

型の稽古中、半身から半身への変化で相手を崩していたときのことです。昔から祖父泰治はよく申しておりました。「ボクシングやフェンシングなどの欧米のスポーツでさえ半身の構えをとるのに、なぜ日本の（現代）剣道は正面を向いて構えるのか。正面から空きではないか」と……。

元来、型における体捌きは半身を主体といたしますから、どうしてもこの観点からすると正面に隙が現れます。半身へと変化をするたびに、その隙は繰り返し現れます。そのような隙を絶対排除しなければならないと気づいてから、その変化が大きく変わりました。

現在、指導の際には国内外を問わず右顎左顎という言葉を使います。すなわち左顎は左半身に構えている状態です。太刀構えは問いません。この構えから次の変化は直接右顎となるべきです。すべての半身の変化に、この見えざる直線の動きを適用いたします。

例えば、表中太刀一本目、左半身水月の構えから始まり、目付、誘い、受け流し、打ち込みに至るまですべて左右の顎それぞれを両肩に直結いたします。そして、引き下がり二歩目から三歩目の入り身の正眼に変化をいたします。この部分をもう少し詳しく見ますと、打ち込んだ右半身の体勢で右足から引き下がり、三歩目の右足を引く時、普通の動き方では、その変化ごとに必ず現れる隙、つまり胸部を正面にさらすことになります。ところが、この右顎から左顎へ両肩が入れ替わりますと、受に対して隙も出ず、正面に対して胸部や肩幅分の最大径が消失します。隙を生じることなく変化することが可能となるのです。

その最大径の有無を具体的に検証するために、壁に右肩を着け、右顎の状態から右足を引くとき、受に左肩を両手あるいは木刀で押さえてもらいます。これを左右両側から検証いたします。

すべての変化に、このような身体の術技的な働き方が要求されますと、明らかに昨日、先月、先年の自分の動き方とは異なる動きが生まれます。こうして、誰でも動けば必ず現れてしまう隙が稽古の積み重ねとともに徐々に排除されていきます。

太刀を正眼に構え、足を前に踏み出す場合、無足の法を得ていない方々は、個々人の程度の差はあるにせよ、左右の足への重心移動による崩れが必ず起こります。これは絶えず中心に隙が生まれていることになります。

中段に太刀を構えて真っ直ぐに進むということを熟考する必要がございます。実際に打ち合うことよりも、それ以前の自身の動き方の正否に重点を置かなければなりません。真っ直ぐに歩めて、初めて裏表に自由に進むことが可能となるのです。

正しい半身の変化とは

まさに一歩を引いて左右の半身が入れ替わる様態を表しております。首の左右への動揺などは最も禁忌とするところです。

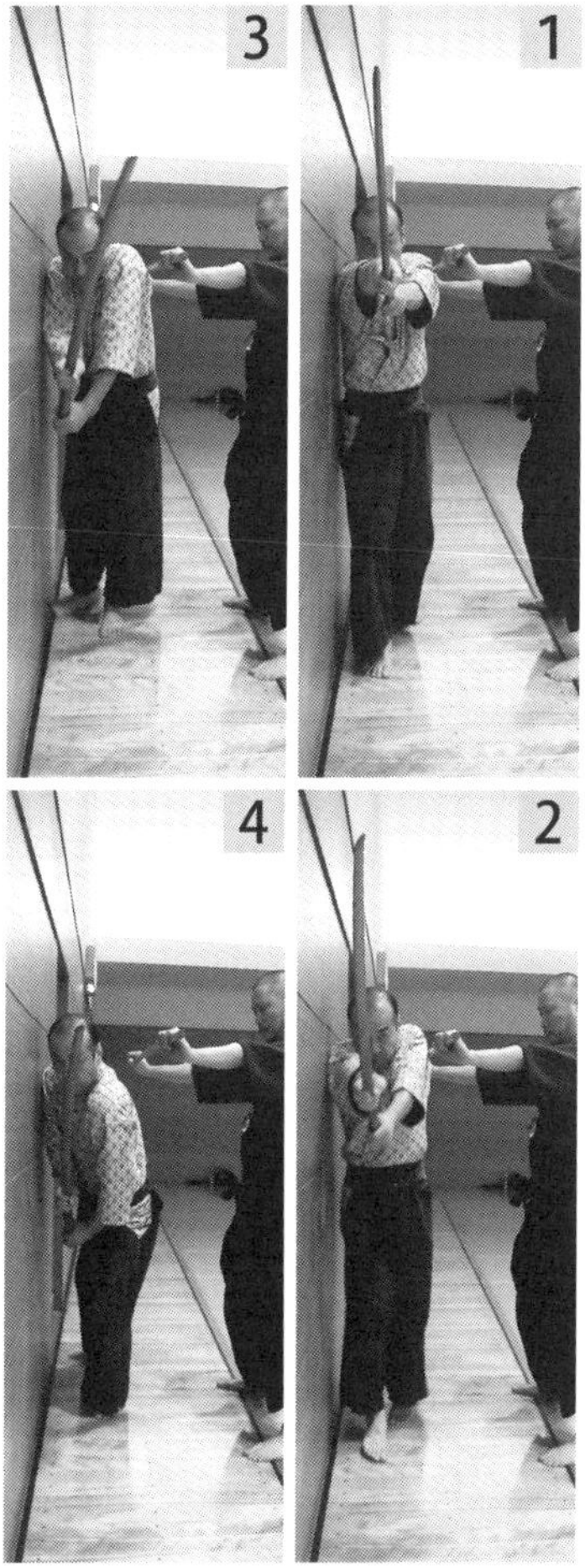

大きく半身から半身へと反転しているものとは異なった動きを表しております。

5

Q　黒田先生は年々歳々御技が上達を続けておられるとのこと。一般人のわたくしには、当然のことながら信じられません。何か具体的な例をお教えいただけませんでしょうか。

A　今回、座構えから居合を抜いてみたところ、心底から喜びが沸き上がりました。以前よりも速いと実感することが出来たからです。

まったく仰る通り、わたくし自身、こんな素質の人間がこのような世界で、我が身体、我が動きそのものが時とともに変化をし続けるなど思いもよりませんでした。しかもそれが止むことなく続いており、確かにこの歳になって今まで動けていなかったことが動けるようになり、動けていたものはより精密に動けるようになっております。そのうれしさと技の深さを実感できたことに感動すら覚えます。と同時に、祖先伝来の型という遺産のありがたさを十年前、二十年前よりもずっと重く感じている次第です。

先日の稽古で、久しぶりにきちんと座構えを取って居合の型を抜いてみました。と申しますのも、いっとき左膝を痛めたことがありました。稽古をしながらですので、なかなか復調しませんでした。普段の稽古では問題はございませんでしたが、座構えからの稽古に若干の不安がございました。それで悪化を防ぐために、普段の居合は指導のみにして、自分の稽古は二の次にしておりました。

今回、たまたま座構えから居合を抜いてみたところ、心底からじわりと喜びが沸き上がりました。以前の感覚よりも速いと実感することが出来たからです。居合の遊び稽古以外、久しく型は抜いていなかったものですから、前にも増す速さがとても心地良いものとして感じられました。周囲に誰もいなければ、手を合わせたいくらいのうれしさ、ありがたさでした。以前にも同様の早抜き稽古を、ごくまれでしたが弟子の前で行ってはおりましたが、このような感覚ではございませんでした。以前の動きとの違いが肌で感じられたひとこまでした。

弟子たちの前では、我が祖父泰治は、柄に手が掛かったときはすでに太刀が抜けていなくてはならぬと、よく語っていたことを話しますが、それはゆっくりきちんと抜けるからこその術であるということも併せて話しております。こんな言葉をふつうに聞けば自己矛盾ではないか、と反駁《はんばく》されるかもしれません。しかしながら、最速の動き方を学ぶものが型という理論でありますゆえ、その至芸を表現するためにこそ、ゆっくりと抜くのが居合の本旨でございます。祖父泰治も先ほどの言葉のように、真に速い居合術を獲得するには静かに抜くことにつきると繰り返しております。……が、その稽古が至難であります。

そこに、稽古においては個々の段階に応じ、また型に応じての緩急遅速がございます。とはいえ、誤解のないように中し添えますが、加速度的な緩急遅速は意味を成しません。等速度で動かなければならないからこその遅速不二という意でございます。速いは、遅い。遅いは、速い。そんな理解のもとは、すべて型は理論であるという一点に発しております。

そして、その居合術の根幹は右手で抜かないという一点に集約されます。これまたわたくしがその理

遅速不二の抜き付け

抜きと突きがひと調子の抜きです。

正しい構えの変化が受にまったく干渉せずぶつからずに型を完了することができることを表しております。そして最大最小理論に則り真向に変化した構えは最大の斬撃力を保持しており、最大でありながら最小最速の変化を表し、消える動きを可能としております。

論にのっとり、当然明白のこととして言い続けてきたことでございます。ここでまた祖父の言い残したことを繰り返すことになりますが、武術の修業の大半は型を正しく知るという一点に尽きる、ということです。型の構えを正しく知ることが出来れば、確かに個々人の持つ疑問のすべてが解決されます。あるいは修業途上の門下生一人ひとりの階梯における種々の疑問が解決されるのです。

右手で抜かぬということとの大事性は、そこには太刀を鞘から抜くという時間が無い、ということを意味します。抜くという単純な筋肉の運動を排除し、ある構えから次の構えへと変化したとき、抜かずに太刀が抜けている、あるいは長尺の太刀がほぼ抜けている、という形（構え）が現れます。それらには、いずれもまだ太刀そのものを鞘から引き抜くという動作が存在しておりません。しかも、そのような術技的な体捌きゆえにこそ、そこには身体が創り出す直線に支えられた円転動作が生まれております。限られた一定空間の中で最大の運動力を発生させることのできる運動形態でございます。

抜かずに抜いているのですから、たしかに抜いている時間は零《ゼロ》です。抜き即斬などと申しますが、抜くのも斬るのもひとつという意味において、一般的な意味での抜いて斬るという二動作に対しての優性は、申すまでもございません。幼いころから見知っていた居合術というものに対して、わたくしは刀を鞘から抜き差しして稽古をするものだと漠然と思っておりました。それが、こんな衝撃的なありがたい教えにより、わたくしのそんな先入観は一挙に払拭させられました。

構えを正しく知るということに全力を尽くすことこそが武術修行の大半である、と言った恩師である祖父黒田泰治鉄心斎の言葉の重みを、この歳になってさらに重く、深く理解できるようになった次第でございます。

6

Q

相変わらず黒田先生は稽古が上達し続けておられるとのことから、また同じような質問で恐縮ですが、年齢も七十歳に近づき、最近はどのような変化がございましたでしょうか。

A

半身から半身への変化を主体とする型稽古における、半身そのものの変化がより緻密、明確になり、稽古の質や環境が変わりました。

さらに、そんな稽古から必然的な変化が表れました。素振りからして輪の太刀筋を使っておりますので、大げさな物言いになって恐縮ですが、回転系の型に変化が現れました。

昔は、素振りなどでその当初から「廻ってまわさず」などという言い方をしておりました。とは言え、このような抽象的な言葉も具体的な術技から導き出されたものであることはみなさまご承知のことと存じます。ひとつの動きが曲線を描くより直線のほうが短く速いことは、子供でも理解できるとは昔から言い古されてきたことです。そしてまさに円の動きは、その直線に支えられているからこそ、相手の直線の攻撃に対しても直線対直線の捌き方として有効性を見出せるのです。それだけに高度な身体が要求されることは自明の理です。身体の働きから生み出される見えざる直線にすべての動作が支えられてまいりますと、一般的に人の眼はそれらが捉えにくくなります。それを消える動きなどと称してひと言で表したものでした。

この回転系の太刀筋が変化を見せ始めましたのも、先に述べたとおり、半身の変化がより精密に、技巧的な部分がより明確になったために自然に表れてきたものです。具体的には表中太刀の三本目と五本目の太刀筋です。昔からコマ落としのような動きだと評されてまいりましたが、その太刀筋にまた変化が起こりました。

わたくし自身にはその動きを客観的に観ることができませんので、弟子たちに見てもらいました。見学および実際に稽古をつけたときの両面から、わたくしの動きをどのように捉え、あるいは単純にどのように感じ取ったのか、見え方は以前とどのように変わったのか、などの評を聞くのは大変興味深いことでした。

弟子たちにその感想を聞くと表現に困った様子です。なかなか言葉が出て来ません。初めてこの太刀遣いを見せたとき、まさか弟子たちがみな言葉を失うなどとは思ってもみませんでした。今までの速くて見えないという言葉に加え、その感興と困惑を言い表す言葉を探そうとして額にしわを寄せています。

そのような動きがこの歳になっても稽古に表れてまいりましたことをうれしく感じたのは勿論ですが、自省の念もふと頭をよぎりました。それは、わたくしが幼少の頃はもとより、わたくしの稽古環境ではついぞ目にしたことのない世界の動き方だったからです。一番弟子、二番弟子と謳われる方々ですら竹刀稽古はそれなりに使えたようですが、それはあくまでも竹刀剣道の観点からのことです。家伝のこの型を突き詰める以前の、ある側面でしかありません。現在のこのわたくしの動きは比較研究、検討することのできないわたくし独自のものなのでしょうか。いや、この動きへと導いてくれたのは、まさにこれらの家伝の型々なのです。

普段の自分の木刀よりも重めの物を借用した時、今まで以上に手で振り回さなくなっていることに気が付きました。今までも体捌きによって太刀そのものを変化させているため、両掌は柔らかいまま過ごしてまいりました。その両手がさらに太刀を軽く操作できることを実感したのです。

そんな中での回転系の第一本目となる三本目の型で、わたくしは受と太刀を斬りむすび、左半身となって入り身に突いた後、太刀の切っ先を上から右後方へ返し、左小手を頭上にかざし、受の攻撃を面に誘います。ここに誘い崩せるだけの正しい変化が要求されます。受に打ち込まさせ、その受が太刀を打ち込んでくる処を下から太刀を返して斬り上げ、その両腕を抄《すく》い斬りにするものです。これは太刀を縦に円転操作いたします。これら一連の動きが一瞬で終わるものです。その一瞬の変化に対して、弟子たちからようやく言葉が出てまいりました。

「突いた太刀が、そのままそこで刃を上に返しただけのように見え、体もいつのまにか左半身が右半身に変わっていた」とか、「初太刀を合わせるのと突きがひとつで、その一瞬そのまま刃が返って、受に打ち込む時間がなく、腕ではなく胸が斬られてしまった」など、考えた末にただ現象を述べただけでした。

次の五本目の型では、入り身に突きを入れた後、頭上で太刀を水平に円転させて突き込みます。この動きを弟子に聞けば、太刀の回転どころか、初めの突きのあと、瞬時に胸の前に太刀が突き刺さっていたという感想でした。中には、この二度目の突きに対して反射的に体を沈めて躱《かわ》した弟子もおりました。

「廻ってまわさず」。この言葉がいま現実的なものとなりました。
突いて、次を突こうとした瞬間、彼は前下方に潰れておりました。

太刀の円転とは

下掲第１図〜６図（三本目の型）まで目付の図、次頁第１図〜６図（五本目の型）が附込の図で、説明は本文のとおりです。肉眼では捉えられなかった図像をお楽しみ頂ければ幸甚に存じます。

1
2
3
4
5
6

著者プロフィール
黒田鉄山（くろだ　てつざん）
振武舘黒田道場館長。1950年埼玉県生まれ。祖父泰治鉄心斎、父繁樹に就き、家伝の武術を学ぶ。民弥流居合術、駒川改心流剣術、四心多久間流柔術、椿木小天狗流棒術、誠玉小栗流殺活術の五流の宗家。現在も振武舘黒田道場において、弟子と共に武術本来の動きを追求し続けている。

振武舘黒田道場
〒337-0041　埼玉県さいたま市見沼区南中丸734-55

装幀：谷中英之
本文デザイン：中島啓子

鉄山に訊け
達人に訊いてみたら、
武術の極意から素朴な疑問まで
すべて答えてもらえた問答集

2019年5月10日　初版第1刷発行
2025年3月25日　初版第2刷発行

著　者　黒田 鉄山
発行者　東口 敏郎
発行所　株式会社ＢＡＢジャパン
〒151-0073 東京都渋谷区笹塚1-30-11 ４・５Ｆ
TEL　03-3469-0135　　FAX　03-3469-0162
URL　http://www.bab.co.jp/
E-mail　shop@bab.co.jp
郵便振替 00140-7-116767
印刷・製本　中央精版印刷株式会社

ISBN978-4-8142-0203-4　C2075

剣術から柔術、絶技の感覚から稽古法、卓説した身体改造論まで！

DVD⑤駒川改心流剣術
「切上」之極意

■内容:前回の復習と補足説明(廻剣素振、涎賺、その他)／実技：切上／理論概説／門下生演武&一般参加者演武(指導･解説･注意)／師範演武：切上

●収録時間60分　●本体5,238円+税

DVD④民弥流居合術
「行之太刀」之極意

■内容:前回の復習と補足説明(座構、真之太刀、その他)／実技：行之太刀／理論概説／門下生演武&一般参加者演武(指導･解説･注意)／師範演武：行之太刀、横払

●収録時間60分　●本体5,238円+税

DVD③四心多久間流柔術
肮之巻(ふえのまき)之極意

■内容:四心多久間流柔術来歴／理論概説(無足の法)／実技練習：受身、月元之巻／門下生演武&一般参加者演武(指導･注意)／稽古の留意点／師範演武：月元之巻、月元之巻の応用技

●収録時間60分　●本体5,238円+税

DVD②駒川改心流剣術
涎賺(よだれすかし)之極意

■内容:駒川改心流剣術来歴／理論概説／実技練習(廻剣素振、涎賺)／門下生演武&一般参加者演武(指導･注意)／稽古の留意点／師範演武:涎賺、切上、目附、足切、付込、龍段返

●収録時間60分　●本体5,238円+税

DVD①民弥流居合術
真之太刀之極意

■内容:民弥流居合術来歴／理論概説／実技練習(礼法、真之太刀、真向斬り)／門下生演武&一般参加者演武(指導･注意)／稽古の留意点／師範演武:真之太刀、切附、行之太刀、陽之剣、柄取、向掛、声抜

●収録時間60分　●本体5,238円+税